ADOLPHE JOANNE

GÉOGRAPHIE

DE

LA SEINE

52 gravures et une carte

HACHETTE ET Cᴵᴱ

GÉOGRAPHIE

DU DÉPARTEMENT

DE LA SEINE

AVEC UNE CARTE COLORIÉE ET 52 GRAVURES

PAR

ADOLPHE JOANNE

AUTEUR DU DICTIONNAIRE GÉOGRAPHIQUE ET DE L'ITINÉRAIRE

GÉNÉRAL DE LA FRANCE

———

PARIS

LIBRAIRIE HACHETTE ET Cie

79, BOULEVARD SAINT-GERMAIN, 79

—

1884

TABLE DES MATIÈRES

LISTE DES GRAVURES

5008. — Typographie A. Lahure, rue de Fleurus 9, à Paris.

PRÉFACE

En 1872, M. Adolphe Joanne entreprit pour la librairie Hachette la publication des géographies départementales de la France. Le département du Nord inaugura la série; ceux du Pas-de-Calais, de Saône-et-Loire, de la Seine-Inférieure, de Seine-et-Oise, de la Loire-Inférieure, etc., parurent successivement. Pendant neuf années consécutives, M. Adolphe Joanne dirigea cette publication avec un soin et une ardeur infatigables, entretenant une volumineuse correspondance avec tous les collaborateurs qu'il avait su découvrir et former pour ainsi dire dans presque tous les départements, surveillant l'illustration de chaque monographie, la gravure des bois, la correction et le tirage des cartes. Chaque année la collection s'augmentait. Au commencement de 1881, cinq géographies seulement, dont le manuscrit était prêt et les gravures terminées, restaient à imprimer, lorsque, le 1er mars, M. Adolphe Joanne succombait, sans avoir eu la satisfaction, tant souhaitée par lui, de voir son œuvre complète. Il avait souvent exprimé le désir de témoigner sa gratitude à ses principaux collaborateurs dans une courte préface mise en tête de la géographie de la Seine, la plus importante de la collection.

Je viens aujourd'hui m'acquitter de ce devoir et j'adresse ici, au nom de mon père, des remercîments à tous ceux qui l'ont aidé dans ses utiles travaux. Je citerai tout particulièrement : M. Jules Monnier, qui a corrigé les épreuves de tout l'ouvrage, classé et coordonné les corrections communiquées à l'auteur; MM. Anthyme Saint-Paul, membre de la Société française d'archéologie; Théodore Nicolas ; Onésime Reclus ; Charles Raymond ; Franz Schrader ; Lequeutre ; Ducoudray, agrégé d'histoire, professeur à l'École normale d'instituteurs de la Seine ; Conus, inspecteur d'académie à Épinal; le Dr Le Pileur ; Alfred Saurel, auteur du *Dictionnaire des Bouches-du-Rhône;* Philibert Lalande (Corrèze), correspondant de la Commission de la topographie des Gaules; Célestin Port, archiviste de Maine-et-Loire, correspondant de l'Institut; Castan, bibliothécaire à Besançon, correspondant de l'Institut; Félix Perrin (Isère); Laur, ingénieur civil à Saint-Étienne ; Morlon, ancien vice-président du Conseil de préfecture de la Nièvre; Aymard, archiviste honoraire au Puy; Olivier Merson (Loire-Inférieure); Poly (Haute-Saône); Quentin, ancien archiviste à Auxerre ; Lavergne, membre de la Société française d'archéologie ; Camoreyt, conservateur du musée de Lectoure; Prosper Huguet, secrétaire de la Société d'émulation des Côtes-du-Nord. Enfin MM. les Inspecteurs de l'enseignement primaire ont bien voulu reviser les épreuves de chaque département. J'espère que tous voudront bien me conserver leur active et savante collaboration.

Juin 1881.

P. JOANNE.

DÉPARTEMENT

DE LA SEINE

I. — Nom, formation, situation, limites, superficie.

Le département de la Seine doit son *nom* au fleuve qui le traverse du sud-sud-est au nord-nord-ouest, et dont les deux bras enveloppent la petite île qui fut le berceau de Paris.

Il a été *formé*, en 1790, d'une partie de l'**Ile-de-France**, l'une des provinces qui constituaient l'ancien royaume de France.

Situé dans la région septentrionale de la France, il est enclavé dans le département de Seine-et-Oise. Deux départements, Seine-et-Oise et l'Eure, le séparent de la mer de la Manche, ou plutôt de l'estuaire maritime de la Seine. Trois, Seine-et-Oise, l'Oise et l'Aisne, le séparent de la Belgique; cinq, Seine-et-Oise, Seine-et-Marne, la Marne, la Meuse et Meurthe-et-Moselle, de la frontière allemande; deux, Seine-et-Oise et le Loiret, du département du Cher, qui occupe assez exactement le centre de notre pays.

Le département de la Seine est compris entre 48° 44′ et 48° 58′ 50″ de latitude nord, et entre 0° 13′ 40″ de longitude est, et 0° 10′ de longitude ouest. C'est par l'Observatoire de Paris que passe la méridienne qui sert de point de départ aux longi-

tudes orientales ou occidentales des divers points du Globe
dans les cartes géographiques exécutées en France. Les
quatre faces de l'Observatoire correspondent aux quatre points
cardinaux, et la latitude de la façade méridionale est prise
pour la latitude de Paris. Cette latitude (nord) étant de 48°
50′ 14″, le département de la Seine est plus près du Pôle
que de l'Équateur, séparés l'un de l'autre, comme on le sait,
par 90 degrés ou un quart de cercle. Paris est à peu près sous
la même longitude que Bourges, Ussel, Aurillac, Albi, Carcas-
sonne; sous la même latitude que Bar-le-Duc, Nancy, Strasbourg, Versailles, Dreux.

Les *limites* qui séparent le département de la Seine de
celui de Seine-et-Oise sont, en majeure partie, convention-
nelles, c'est-à-dire tirées comme au hasard à travers champs.
Mais en trois endroits le cours de la Seine sert de limite naturelle, sur une longueur totale de 16 kilomètres et demi :
1° de l'extrémité occidentale de l'île Saint-Denis jusqu'à
700 mètres en amont du pont de Chatou ; 2° d'un point situé
à 1 kilomètre en amont de Suresnes jusqu'au Bas-Meudon ;
3° sur un parcours de 1 kilomètre en amont de Choisy-le-
Roi. La Marne borne aussi le département, sur 2 ou 3 kilomètres, près de la Varenne, à l'extrémité orientale de la
« Boucle » (*V.* ci-dessous). Citons enfin, comme limites
naturelles, trois petites rivières : la Bièvre (1 kilomètre), près
d'Antony ; la Mollette (2 kilomètres), près du Bourget ; la
Morée (2 kilomètres), près de Dugny ; et une hauteur isolée,
la butte Pinçon, qui domine Pierrefitte.

La *superficie* du département de la Seine, le plus petit de
la France, est de 47,875 hectares. Il est douze à treize fois
moindre en étendue que les autres départements français. Sa
plus grande *longueur*, de son extrémité ouest-nord-ouest,
entre Nanterre et Chatou (Seine-et-Oise), jusqu'à l'extrémité
du parc du château de Cœuilly, à l'est, est de 31 kilomètres
à vol d'oiseau ; sa plus grande *largeur* perpendiculaire, depuis la butte Pinçon, au nord, jusqu'à la Vieille-Poste, près
d'Orly, au sud, est de 26 kilomètres. Enfin son *pourtour* at-

teint un développement de 150 kilomètres environ, en ne tenant pas compte des sinuosités secondaires.

II. — Physionomie générale.

Le département de la Seine est situé au centre du plateau de la Neustrie, région géologique appelée aussi **Bassin de Paris.** Cet immense bassin présente, de l'ouest à l'est, la forme d'un 8, dont la boucle supérieure est ouverte à l'ouest, et dont les contours sont dessinés par des proéminences de terrain jurassique. La vallée de la Seine coupe ce bassin du sud-est au nord-ouest. Trois ordres de terrains superposés forment, au-dessus du granit inférieur, cette vaste et riche portion du territoire français au milieu de laquelle est assise la capitale de la France. Le terrain appelé jurassique en est la base; au-dessus s'étend le terrain crayeux ou crétacé, plus haut le terrain tertiaire, formé alternativement d'alluvions marines et fluviales. Mais à Paris, outre le sol proprement géologique ou originel, il en existe un autre, de formation factice, qui se compose d'une couche de limon d'atterrissement provenant de la Seine, de débris de toutes sortes, et de terrains rapportés par suite des innombrables remaniements dont le sol a été l'objet. Ces remaniements, souvent considérables, ont exhaussé, en de certains endroits, de 3 à 4 mètres, et parfois davantage, la plaine basse que la Seine envahissait autrefois à peu près périodiquement.

Le département de la Seine se partage entre la vallée de la Seine et celle de la Marne, élevées généralement de 25 à 40 mètres au-dessus du niveau de la mer, et entre des chaînes de hautes collines portant des plateaux ayant 100 à 175 mètres d'altitude.

Paris et ses promenades, jusqu'à l'enceinte des fortifications, occupent 7,802 hectares, soit du septième au sixième de la superficie du département. En partant de la cathédrale, dont les tours servent de point de départ pour les distances itinéraires sur les routes de la France, pour atteindredre aux limites de la ville, on a 3,780 à 4,420 mètres à parcourir vers le sud et l'est, 5,000 à 6,360 vers le nord et l'ouest. Paris, capitale de la France, la première ville du monde, sinon par sa population, du moins par ses monuments, ses trésors et ses établissements scientifiques, par sa richesse, son luxe, l'esprit inventif, le goût et l'activité de ses artisans, est situé sur les deux rives de la Seine. Ce fleuve, entrant dans la ville par l'est-sud-est, y décrit une forte courbe, dont la convexité est tournée vers le nord, et en sort à l'ouest, après y avoir formé l'*île Saint-Louis*, celle de *la Cité*, qui fut le berceau de Paris, et l'*île des Cygnes*. Sur les deux rives de la Seine s'élèvent deux chaînes de collines, d'altitude différente, qui circonscrivent la capitale et en font le centre d'un petit bassin particulier, situé au cœur même du bassin plus étendu dont nous avons déjà parlé.

La chaîne de la rive droite, la plus élevée des deux, commence près de Bercy, à l'est, et se termine à Passy (69 mètres), à l'ouest, après avoir décrit une demi-circonférence vers le nord. Ses principaux sommets sont les hauteurs de *Charonne*, de *Ménilmontant*, de *Belleville* ou de *Chaumont* (123 mètres d'altitude), dont les anciennes carrières ont été transformées en un parc pittoresque; les hauteurs de *la Villette*, *Montmartre* (105 mètres), colline gypseuse, conique, isolée, dont les coquilles, les plantes et les ossements fossiles ont, depuis plus d'un demi-siècle, fait faire d'immenses progrès à la géologie.

La chaîne de la rive gauche, beaucoup moins élevée que celle de la rive droite, se compose des hauteurs de la *Maison-Blanche* et de la *Butte-aux-Cailles*, près desquelles s'étend le *plateau d'Ivry*, et que l'étroite mais profonde vallée de la Bièvre sépare de la *montagne Sainte-Geneviève*. Celle-ci se relie au *plateau de Montsouris*, incliné doucement à l'ouest, vers le Petit-Montrouge. Le terrain se relève ensuite près des anciennes barrières du Montparnasse et du Maine, pour s'incliner de nouveau vers la *plaine de Grenelle*, qui s'étend jusqu'à la Seine.

Paris. — Vue prise de l'église Saint-Gervais.

Paris est divisé par le fleuve en deux parties inégales, rive gauche (la moins vaste) et rive droite. Sur la RIVE DROITE, la ville proprement dite est circonscrite par les quais de la Seine, du pont d'Austerlitz au pont de la Concorde, par la place de la Concorde et la rue Royale, par la ligne des boulevards allant de la Madeleine à la Bastille, et par le boulevard Bourdon, qui descend de la Bastille à la Seine. En dehors de ce tracé, les quartiers sont qualifiés de faubourgs. C'est dans la ville proprement dite, et surtout dans la partie comprise entre le boulevard de Sébastopol et les Champs-Élysées, que s'agite le monde officiel, le monde du plaisir et du commerce ; c'est là que s'élèvent les Tuileries et le Louvre, que s'étendent les vastes promenades, que s'ouvrent les grands boulevards, que courent les belles et larges rues, que les principaux théâtres, les riches magasins, les hôtels somptueux, les grands restaurants et la plupart des édifices publics étalent leurs façades ; c'est dans ce quartier que se traitent lès affaires de Bourse et que se fait le commerce le plus animé et le plus étendu. Du boulevard de Sébastopol à la Bastille, s'étend la cité spécialement commerçante et industrieuse. Ce quartier, dit *quartier du Marais*, renferme une population considérable d'ouvriers et de petits fabricants en chambre ; point d'usines ni de grands ateliers, sauf l'Imprimerie nationale.

Les industries bruyantes ou qui exigent de vastes chantiers d'approvisionnements se sont réfugiées dans trois faubourgs. Au delà de la Bastille, c'est le *faubourg Saint-Antoine*, avec sa population d'ébénistes, de menuisiers, de sculpteurs pour meubles. Les *faubourgs du Temple* et *Saint-Martin* sont presque exclusivement envahis par la métallurgie. Du *faubourg Saint-Denis* aux *Champs-Élysées*, les faubourgs ne sont qu'une annexe de la ville élégante : plus d'ateliers, plus de cheminées de manufactures, mais des hôtels, de riches appartements, de luxueux magasins, des maisons de banques, des bureaux de Compagnies, une population essentiellement bourgeoise. A Chaillot, reparaît la population ouvrière.

Le principal quartier de la RIVE GAUCHE est le *faubourg*

Saint-Germain. Moins bruyant que la rive droite, presque calme, sauf les deux grandes artères du boulevard Saint-Germain et du boulevard Saint-Michel, bien percé, il est habité par les étudiants et les hommes d'étude, retirés dans le quartier Latin, et par la vieille noblesse, qui a ses hôtels dans le faubourg Saint-Germain proprement dit. C'est dans le *quartier Latin* que se trouvent la Sorbonne, le Collège de France, l'école de Droit, l'école de Médecine, la bibliothèque Sainte-Geneviève, les lycées Henri IV, Louis-le-Grand, Saint-Louis, le Sénat, la plupart des grandes librairies littéraires, scientifiques et religieuses; et, sur la limite, le palais de l'école des Beaux-Arts, la bibliothèque Mazarine et l'Institut. Plusieurs ministères, la Chambre des Députés, et quelques ambassades ont leur siège dans le faubourg Saint-Germain.

A l'est du quartier Latin, entre la rue Saint-Jacques, la Seine et l'ancien mur d'octroi, s'étend le *faubourg Saint-Marceau,* le « faubourg souffrant, » suivant une expression acceptée et trop bien justifiée. Les industries du cuir, quelques brasseries sont la principale ressource de ce quartier; les chiffons, les os, les vieux fers, toutes les épaves de la civilisation viennent s'y entasser; la Bièvre, sentine infecte, y coule à ciel ouvert.

A l'ouest du faubourg Saint-Germain, est le quartier du *Gros-Caillou,* occupé par une population fort mélangée : soldats, invalides, ouvriers, petits employés, gens peu riches, mais non indigents. Depuis une quinzaine d'années, un certain nombre de beaux hôtels particuliers sont venus embellir ce quartier, où de vastes boulevards, de larges rues, des places, des esplanades, des plantations laissent circuler l'air.

L'annexion des communes suburbaines de la banlieue a apporté à Paris de nouveaux éléments de population. C'est, sur la rive droite, *Bercy,* la ville aux vins et aux spiritueux, avec son port, ses caves, ses entrepôts, son armée de tonneliers, de dégustateurs, de négociants, de commis, de charretiers; — plus haut, *Charonne* et *Montreuil,* où les jardins potagers et les vergers occupent plus de place que les maisons et les ma-

gasins ; — puis viennent *Ménilmontant*, depuis longtemps
habité par l'excédant de population de l'industrie parisienne,
et *Belleville*, quartier où demeurent un grand nombre de petits
employés, de petits rentiers, d'artistes retirés; — les *Buttes-
Chaumont;* — la *Grande-Villette*, vastes entrepôts sur le canal, industries pour la plupart insalubres; — *la Chapelle*,
population ouvrière occupée aux chemins de fer du Nord et
de l'Est; petits ateliers de mécaniciens, marché aux grains
et aux fourrages ; — *Montmartre*, avec ses rues en rampes
ou en escaliers, sa population de petits employés, petits rentiers, petits bourgeois sur le versant qui regarde Paris, d'ouvriers sur le versant de la plaine Saint-Denis; — *les Batignolles*, ville bourgeoise, sauf le quartier occupé par les
ouvriers des ateliers du chemin de fer de l'Ouest ; — *Cour-
celles* et *Monceau*, quartiers de somptueux hôtels habités par
des peintres, des sculpteurs, des écrivains ; — *Passy* et
Auteuil, chers aux gens de lettres, aux artistes, aux savants,
grâce à leurs villas entourées de jardins et de plantations; —
la Muette et *le Ranelagh*, assemblage délicieux de charmants
cottages.

Sur la rive gauche de la Seine, l'annexion de la banlieue
n'a englobé qu'une population travailleuse. C'est d'abord *Grenelle*, avec ses usines infectes de boyauderie et de produits
chimiques, ses jardins maraîchers, ses ateliers de chaudron-
nerie et de métallurgie ; — puis *Vaugirard*, la moins pauvre
des communes suburbaines de la rive gauche; — *Plaisance*,
dénomination ironique d'un quartier qui n'a rien d'attrayant
et où les égouts sont inconnus; — *le Petit-Montrouge*,
population ouvrière pourchassée par les embellissements de
Paris; — *Montsouris, la Glacière* et la *route d'Italie*,prolon-
gement du faubourg Saint-Marceau ; — les *Deux-Moulins*, la
cité Doré, refuge de l'extrême indigence ; — *la Gare*, occupée par les ouvriers de la Compagnie du chemin de fer d'Orléans, les hommes du port, les marchands de bois, les entrepôts et magasins de la navigation et du chemin de fer.

Ces nombreux faubourgs, deux mille rues, de longs boulevards, 75,000 maisons, des places monumentales, de beaux jardins publics, ne suffisent point à l'exubérance de vie qui caractérise Paris. La ville a escaladé l'enceinte fortifiée (35 kilomètres de développement) qui l'entoure, et son organisme s'étend sur le territoire bien au delà des limites de la banlieue proprement dite ; les jardins, les bois, les parcs, « poumons de Paris, » occupent de vastes étendues dans le département de la Seine et les départements voisins. Sa ligne de défense, qui comprenait, à une distance variant de 2 à 6 kilomètres, un cercle de 17 forts, dont le circuit total est de 55 kilomètres, a été doublée par une deuxième enceinte de 27 forts, ayant 122 kilomètres de circonférence, et enfermant dans leur action défensive Paris, tout le département de la Seine et même quelques portions de Seine-et-Oise. Dans cet immense camp fortifié de 915 kilomètres carrés sont englobés de fraîches vallées, de riants coteaux, des villes et des villages laborieux, de gracieuses villas, des jardins dessinés avec un art charmant et entretenus avec un soin raffiné, des plaines aussi fertiles que bien cultivées, des bois, des châteaux, des églises, aussi dignes d'être visitées pour leur architecture et pour leurs œuvres d'art que pour leurs souvenirs historiques.

En partant de la rive droite de la Seine, à l'embouchure de la Marne, pour se diriger vers le nord, on rencontre successivement : Charenton ; Vincennes, son château fort et son bois ; le massif de collines (120 mètres d'altitude) circonscrit, à l'est et au nord-est, par les forts de Nogent, de Rosny, de Noisy et de Romainville, à l'ouest et au sud-ouest, par les villages de Bagnolet, de Montreuil et de Fontenay-sous-Bois. Ces collines se continuent dans l'enceinte de Paris par les hauteurs de Belleville et des Buttes-Chaumont.

A l'est du fort de Rosny, et séparée de lui par une dépression où se trouve le village de Rosny-sous-Bois, se dresse la colline allongée (2 kilomètres et demi) qui porte le *plateau d'Avron*, (114 mètres), dont la moitié environ appartient au département de la Seine. Ce plateau domine la forêt de Bondy, dont la plus grande partie se trouve dans le département de Seine-et-Oise.

De la lisière de la forêt de Bondy, à l'est, jusqu'à la Seine, à l'ouest, entre Paris, au sud, et la limite du département, au nord, s'étend la *plaine Saint-Denis*, dont le sol est particulièrement propre à la culture des grains et des légumes, mais où, depuis l'extension des limites de Paris, de nouvelles usines s'établissent chaque jour. Au nord, la plaine est dominée par la *butte Pinçon* (104 mètres), sur laquelle passe la limite du département de Seine-et-Oise.

A l'ouest de cette plaine, la Seine décrit un immense méandre appelé *presqu'île de Gennevilliers*, dont les terres reçoivent en partie les eaux des égouts de Paris, qui ont donné à ce sol aride une grande fécondité (*V. Agriculture*, p. 99).

De la presqu'île de Gennevilliers, ou plutôt d'Asnières, le sol va en s'élevant, sur la rive gauche de la Seine, vers Courbevoie et le **Mont-Valérien** (161m,30), hauteur isolée que couronne une importante forteresse. Le Mont-Valérien et le village de Suresnes, situé à sa base, sont séparés par la Seine du bois de Boulogne, compris entre le fleuve et l'enceinte de Paris et que d'habiles transformations ont converti en un parc des plus pittoresques.

Les hauteurs dont le Mont-Valérien est la cime culminante se continuent au sud par les collines de Montretout, Saint-Cloud, Bellevue ; mais ces collines appartiennent au département de Seine-et-Oise. A partir du Bas-Meudon, où l'on rentre dans la Seine, les collines s'éloignent du fleuve, pour former un massif parfaitement délimité, que l'on peut désigner sous la dénomination générale de **plateau de Châtillon** (173 mètres, point culminant du département, près du Petit-Bicêtre). Ce plateau, qui appartient en partie à Seine-et-Oise, est compris entre Paris et la Seine, au nord, la vallée de la Bièvre, à l'est et au sud, le vallon où passe la route de Sèvres à Versailles, au nord-ouest, la dépression où court la route de Jouy à Versailles, à l'ouest. Ce massif offre des sites charmants : Clamart et ses bois ; Châtillon et son admirable panorama ; Fontenay-aux-

Le Mont-Valérien et Suresnes

Roses, situé au sommet et sur le penchant d'un coteau entouré
de riants paysages ; Sceaux, le Plessis-Piquet et ses belles pro-
priétés particulières ; Robinson et ses châtaigniers-restaurants ;
Aulnay et la vallée aux Loups ; Châtenay, etc.

Entre la vallée de la Bièvre et celle de la Seine, s'avance en
promontoire vers Paris un plateau, d'élévation moyenne
(92 mètres), qui porte à son extrémité nord le fort et l'hospice
de Bicêtre : c'est le *plateau de Villejuif*, de Chevilly et de
L'Hay, qui n'offre de remarquable qu'un beau panorama.

De Chevilly, on descend, à l'est, à Choisy-le-Roi, dans une
belle plaine comprise entre la Seine, la Marne et leur confluent
à Charenton. Entre les deux rivières, les collines de *Montmesly*
(69 mètres) dominent la « Boucle » de la Marne, que com-
mandent aussi, à l'est, les hauteurs de Chennevières (Seine-et-
Oise), de Champigny et de Brie (109 mètres).

La vallée de la Seine, en aval de la capitale, offre de charmants paysages ; des coteaux qui la bordent on découvre de
superbes points de vue. Les poëtes et les peintres ont fait
connaître ces paysages aimables de la basse Marne, rivière
dont la gracieuse vallée est envahie de plus en plus par les
villas et les lieux de plaisir.

III. — Cours d'eau ; canaux ; aqueducs.

Le département de la Seine verse toutes ses eaux dans le
fleuve du même nom, où tombent la Marne, la Bièvre, les
égouts de Paris et le Rouillon. La Seine et la Marne sont
navigables.

La **Seine** est l'un des principaux fleuves de la France. Sa
longueur, y compris les détours,— et précisément elle est fort
sinueuse, — est de 770 kilomètres, et son bassin, c'est-à-dire
l'ensemble des surfaces qui lui envoient leurs eaux, est de
près de 7,800,000 hectares. Elle prend sa source à 471 mètres
au-dessus du niveau de la mer, dans la commune de Saint-
Germain-la-Feuille (Côte-d'Or). En 1867, la Ville de Paris a

fait ériger aux sources de la Seine un monument consistant
en une grotte en avant de laquelle apparaît une nymphe,
œuvre de Jouffroy. Avant d'entrer dans le département de la
Seine, le fleuve traverse ceux de la Côte-d'Or, de l'Aube, de
Seine-et-Marne et de Seine-et-Oise, en baignant ou côtoyant
les villes de Châtillon-sur-Seine, Bar-sur-Seine, Troyes, Nogent-
sur-Seine, Montereau, Melun, Corbeil. Elle a reçu, à Marcilly,
l'Aube, au confluent de laquelle elle devient navigable, l'Yonne
à Montereau, le Loing à Saint-Mammès, l'Essonne à Corbeil,
l'Orge à la station d'Athis-Mons, l'Yères à Villeneuve-Saint-Georges, et beaucoup d'autres affluents moins importants.

La Seine entre dans le département qui lui doit son nom
à 2 kilomètres en amont de Choisy-le-Roi, par 30 mètres
environ d'altitude. Elle reçoit la Marne à Charenton, traverse
Paris, commence à décrire de vastes sinuosités, sort du département de la Seine au Bas-Meudon, le limite quelque temps,
puis y rentre en amont de Suresnes et le quitte définitivement
en aval d'Épinay, mais en lui servant de limite jusqu'auprès de
Chatou. A sa sortie du département, le fleuve est à 22 mètres,
soit une pente de 8 mètres dans sa traversée du territoire.

En amont de Paris, la Seine passe, en aval du pont de
Choisy, au Port-à-l'Anglais et à Charenton. Elle entre dans
Paris un peu en amont du pont National, construit à quelques
mètres des fortifications, pour y couler entre deux beaux
quais, plantés d'arbres dans presque toute leur étendue.
27 ponts, presque tous remarquables à différents titres, la traversent dans l'intérieur de la ville. Les ports sont, pour la
plupart, très animés, malgré la concurrence que les chemins
de fer ont faite à la navigation fluviale.

Le fleuve longe d'abord, à droite, le quartier de Bercy, en-
combré de futailles, et à gauche celui de la Gare, la place
Walhubert, la gare d'Orléans, le jardin des Plantes et la
halle aux vins. En aval, le fleuve se divise pour former les
îles Saint-Louis et de la Cité, en laissant à droite l'Hôtel de
Ville, la place du Châtelet et ses deux théâtres, à gauche
Notre-Dame, l'Hôtel-Dieu, le Tribunal de commerce, le Palais

de Justice, et, au delà du Pont-Neuf, le plus ancien et le plus beau de Paris, la Monnaie et l'Institut.

Puis vient, sur la rive droite, l'immense palais du Louvre, dont la façade sculptée, chef-d'œuvre de la Renaissance, suivie de celles du nouveau Louvre et des Tuileries, borde la Seine sur une longueur de plus de 700 mètres. Du même côté, se déroulent la terrasse du jardin des Tuileries et la place de la Concorde, auxquelles font face, sur l'autre rive, le palais ruiné du Conseil d'État, l'hôtel de la Légion d'honneur, le palais Bourbon et le Ministère des Affaires étrangères. Ces édifices s'élèvent tous sur le quai d'Orsay, longue voie que bordent également, en aval, l'esplanade des Invalides au dôme doré, la manufacture des Tabacs, le Garde-Meuble, etc. En amont du palais du Trocadéro, que le pont d'Iéna relie au champ de Mars et à l'École militaire, on rencontre, sur la rive droite, la place de l'Alma où se voient l'Hippodrome et la pompe à feu de Chaillot, puis la Manutention militaire du quai de Billy.

A l'entrée du quai de Grenelle, la Seine, longeant à droite les hauteurs de Passy, puis Auteuil, à gauche le faubourg de Grenelle, se divise en deux bras. Une langue de terre fort longue, mais très étroite, reste d'une île qui existait autrefois, s'avance au milieu du fleuve ; elle porte le nom d'île ou allée des Cygnes. Puis le fleuve, après avoir baigné les piles du magnifique pont-aqueduc du Point-du-Jour (*V.* p. 115), quitte l'enceinte de la grande cité.

A Paris la Seine roule, dans les eaux les plus basses, 44 mètres cubes par seconde, dans les eaux basses 75 mètres cubes, dans les eaux moyennes 250, dans les crues 1,200 à 1,500 (1,650 en 1876). Quoique sujet à des crues rapides qui peuvent élever son niveau à plus de 6 mètres au-dessus de l'étiage, ce fleuve est celui de la France qui nuit le moins par ses inondations aux campagnes riveraines.

Il y a deux étiages à Paris, celui du pont de la Tournelle et celui du Pont-Royal. L'étiage est le niveau de la rivière pris à ses très basses eaux; ce sont celles de 1719 qui ont

Le Pont-Neuf, à Paris.

servi de point de départ. Pour avoir la hauteur exacte de la
rivière, depuis le fond jusqu'à la surface, il faut ajouter
au chiffre que marque le niveau d'eau à l'échelle hydro-
métrique, 45 centimètres pour le pont de la Tournelle, et
85 pour le Pont-Royal. Les eaux les plus basses qu'on ait
jamais observées se montrèrent le 29 septembre 1865 et
laissèrent apercevoir le sol même de la rivière.

Si Paris était une circonférence, la Seine en serait l'axe,
car elle le traverse dans sa plus grande largeur, sur une étendue de 12 kilomètres 300 mètres. La vitesse moyenne de son
cours, entre les quais qui la pressent et accélèrent sa marche,
est de 65 centimètres par seconde : ce qui donne 2,340 mètres
à l'heure, un peu plus d'une demi-lieue ; une épave aban-
donnée au fil de l'eau mettrait donc cinq heures pour fran-
chir Paris. A son entrée dans la capitale, la Seine est large
de 165 mètres, et de 136 à la sortie ; vers le pont Saint-
Michel, resserrée dans son bras le plus étroit, elle n'a que
49 mètres ; mais au-dessous du Pont-Neuf elle obtient toute
son amplitude et atteint 293 mètres de largeur.

En aval de Paris, le fleuve, impur et troublé mais plus
large qu'entre les quais de la grande ville, et surtout qu'en
amont du confluent de la Marne, baigne d'abord le pied des
charmantes collines de Meudon, de Bellevue, de Sèvres et
de Saint-Cloud, qui appartiennent au département de Seine-
et-Oise ; puis il coule entre la base de la colline escarpée du
Mont-Valérien et le bois de Boulogne, baigne Suresnes, Puteaux où il forme une île, Neuilly, entoure les îles d'Asnières, centre du canotage parisien, et laisse à droite Clichy-
la-Garenne et, au delà des docks de Saint-Ouen (port
important), la ville industrielle de Saint-Denis. Après avoir
formé l'île Saint-Denis, et dépassé le village d'Épinay, il rentre,
par sa rive droite, dans Seine-et-Oise, où il ne pénètre définitivement par les deux rives qu'au-dessus de Chatou.

Dans le département de Seine-et-Oise, où elle forme un
grand nombre d'îles, la Seine baigne Argenteuil, Marly, le
Pecq, le pied de la terrasse de Saint-Germain, Conflans-Sainte-

Honorine, reçoit l'Oise, passe à Poissy, à Meulan et à Mantes. En aval du département de Seine-et-Oise, le fleuve baigne le département de l'Eure, où il passe à Vernon et devant les Andelys. En amont de Pont-de-l'Arche, il reçoit l'Eure, au-dessous de laquelle la marée commence à se faire sentir. Dans le département de la Seine-Inférieure, la Seine passe à Elbeuf, à Rouen, à Grand-Couronne, à Duclair, à Jumièges, à Caudebec et à Quillebœuf. A partir de cette dernière ville, elle se transforme en un estuaire, où ses eaux douces se mêlent aux eaux salées de la mer. Cet estuaire, qui a jusqu'à 10 kilomètres de largeur, se rétrécit à 7 kilomètres devant Honfleur.

Entre Paris, où le tirant d'eau est de 2 mètres, et Rouen, la profondeur du fleuve est insuffisante pour la navigation; aussi a-t-on entrepris l'exécution de travaux considérables qui auront pour résultat d'obtenir un tirant d'eau uniforme de 3 mètres. En aval de Rouen, l'endiguement du fleuve a produit d'excellents résultats et conquis à l'agriculture une vaste étendue de prairies.

La **Marne**, rivière longue de près de 500 kilomètres, dans un bassin de 1,289,500 hectares, descend du plateau de Langres, où sa source jaillit à 381 mètres d'altitude. Son étiage est de 14 mètres cubes par seconde (11 en 1870) ; son débit moyen, de 75 mètres; les crues varient de 600 à 1,500 mètres. Quand elle rejoint la Seine à Charenton (rive droite), la Marne a parcouru une plus grande distance que le fleuve lui-même; mais elle est bien moins considérable, parce qu'elle maintient sa vallée dans la région de la France, — la Champagne et la Brie, — la moins bien arrosée de pluies. Dans le département de la Haute-Marne, où elle reçoit le Rognon, la Marne baigne Chaumont, Joinville, Saint-Dizier; dans celui de la Marne, où elle se grossit de la Blaise et de la Saulx, Vitry-le-François, Châlons, Épernay; dans l'Aisne, Château-Thierry; en Seine-et-Marne, où elle recueille le Petit-Morin, une partie de l'Ourcq et le Grand-Morin, Meaux et Lagny; en Seine-et-Oise, Neuilly-sur-Marne. Dès son entrée, à 1 kil.

de ce bourg, dans le département de la Seine, où elle passe près
de Brie, de Nogent et à Joinville-le-Pont, la Marne développe
ses courbes en méandres autour des presqu'îles de ses bords.
La forme de son dernier méandre est d'une étonnante régularité; on l'appelle la *Boucle de la Marne*. C'est une presqu'île, ou même une île puisque l'isthme en est traversé
par le canal (souterrain, il est vrai) de Saint-Maur. En deçà
de son embouchure, la Marne est bordée par les communes
de Saint-Maur, de la Varenne, de Champigny, de Chennevières (Seine-et-Oise), de Bonneuil, où un petit bras de la
Marne, appelé *Morbras*, forme l'*île Barbière*, et de Créteil.

Les eaux de la Marne ne se mêlent pas immédiatement après
leur débouché dans la Seine avec les eaux du fleuve. « Les
deux rivières, dit M. Maxime du Camp, se côtoient sans se
mêler pendant qu'elles traversent Paris entre les mêmes
bords, sur le même lit; c'est en vain qu'elles se heurtent
contre les piles des ponts, qu'elles sont agitées par les bateaux à vapeur, elles se conservent presque pures malgré
leur contact forcé. Il faut qu'elles soient attirées et comme
barattées dans le grand coude que la Seine fait en face de
Meudon pour perdre leurs qualités distinctives et devenir
réellement unies. A Sèvres seulement le mélange est complet et l'eau est enfin absolument homogène. »

La Marne est navigable officiellement de Saint-Dizier à son
embouchure. La navigation de cette rivière est facilitée par
plusieurs dérivations et canaux qui coupent les principales
boucles ou circuits, et par des barrages en partie mobiles qui
relèvent le niveau des eaux. Deux de ces dérivations sont dans
le département de la Seine, celle de Saint-Maur et celle de
Saint- Maurice, qui, s'embranchant sur le canal de Saint-Maur,
débouche en Seine à Charenton (*V.* p. 30).

La *Bièvre* naît dans l'étang de Saint-Quentin, à 3 kilomètres au sud-est de Saint-Cyr (Seine-et-Oise), arrose une
gracieuse vallée, passe près d'Antony, de Berny et à Arcueil,
où elle croise un aqueduc, et à Gentilly. A son entrée dans

Paris, près des anciennes barrières de la Glacière et de Crou-
lebarbe, la Bièvre se divise en deux bras (rivière de Bièvre et
rigole des Gobelins), qui se réunissent en avant de la rue
Mouffetard et tombent dans le troisième égout collecteur de
la rive gauche. La Bièvre a un cours de 40 kilomètres, pendant lequel elle fait mouvoir de nombreuses usines.

La Seine recueille à Paris ou dans sa banlieue les eaux vi-
ciées d'un immense réseau d'égouts. Ces eaux proviennent,
soit de la Seine elle-même où puisent des pompes qui élèvent
l'eau dans des réservoirs, soit des canaux et des aqueducs, soit
des puits artésiens de Grenelle et de Passy.

Six usines à vapeur, après avoir aspiré l'eau de la Seine
(environ 18 millions de mètres cubes), la refoulent dans divers réservoirs, situés à Passy, au Panthéon, à Charonne, à
Montmartre, à Gentilly, d'où elle est répartie dans Paris.

Le *puits artésien de Grenelle*, profond de 547m,60, a été
creusé de 1833 à 1841. Il fournit chaque jour 518 mètres
cubes d'eau, dirigée sur le réservoir du Panthéon. Le *puits de
Passy* (1855-1861), profond de 586 mètres, débite 8,000 mètres cubes par 24 heures; il a été foré spécialement pour
alimenter d'eau les lacs, les rivières et les ruisseaux du bois
de Boulogne.

L'*aqueduc d'Arcueil*, dont l'eau provient de sources jaillis-
sant au sud de Paris, dans le flanc des coteaux de Rungis,
de L'Hay, de Cachan et d'Arcueil, commence à Rungis, présente un développement de 15 kilomètres et donne 1,000
mètres cubes par jour aux bassins du Panthéon.

Le *canal de l'Ourcq*, dérivation d'un affluent de la
Marne, communique avec la Seine, au sud et au nord, par
les canaux Saint-Martin et Saint-Denis, qui s'embranchent sur
le canal de la Villette (*V. Canaux*, p. 29). De la gare demi-
circulaire placée à la tête du canal Saint-Denis et en amont du
bassin de la Villette (d'où une machine à vapeur envoie l'eau
de l'Ourcq au square des Buttes-Chaumont), part un aqueduc de ceinture, long de 4 kilomètres, qui, suivant le som-

met des collines du nord de Paris, va remplir un bassin de
10,000 mètres cubes établi près de Monceau. Un vaste système
de conduits souterrains distribue dans Paris des eaux de
l'Ourcq. De distance en distance s'ouvrent sur l'aqueduc de
grosses conduites qui vont aboutir à trois réservoirs situés
rue Linné, rue Racine et rue de Vaugirard. L'eau de l'Ourcq
est distribuée dans les quartiers les plus bas de la ville ; elle
ne s'élève même nulle part au-dessus du premier ou du
deuxième étage, à cause du niveau du plan d'eau du canal de
la Villette.

Un *aqueduc* long de 131 kilomètres amène à Paris les
eaux *de la Dhuis*, qui émergent à Pargny, au sud-est de Château-Thierry (Aisne), à 130 mètres au-dessus du niveau de la
mer. L'eau arrive à Paris à l'altitude de 108 mètres, — soit
82 mètres au-dessus du niveau de la Seine, — pour remplir un
réservoir situé près de la porte de Bagnolet. Ce réservoir se
compose de deux étages de bassins superposés, ayant ensemble
une capacité de 128,500 mètres cubes. Il garde en approvisionnement le produit de cinq jours de débit de l'aqueduc.

L'*aqueduc de la Vanne* est l'un des plus remarquables
du monde, sinon par la beauté de ses constructions, du
moins par la longueur (173 kilomètres, dont 17 en arcades et
42 en souterrains) et la hardiesse de son tracé. Il est alimenté
par plusieurs sources de la vallée de la Vanne, affluent de
l'Yonne, qui ont été captées dans les départements de l'Yonne
et de l'Aube. Ces sources devaient fournir, en temps d'étiage,
100,000 mètres cubes par vingt-quatre heures ; mais, dans les
années sèches, leur débit est bien inférieur. Leurs eaux,
émergeant des terrains crayeux, sont d'une limpidité parfaite,
d'une température constante de 11 à 12 degrés, et demeurent
à l'abri de toute altération. Enfin l'altitude de la plupart des
sources (135 mètres au maximum) permet de faire arriver
l'eau à Paris à la cote de 80 mètres. Près de Paris, l'aqueduc
de la Vanne passe sur celui d'Arcueil par un pont d'une extrême légèreté, unique en son genre, élevé de 36 mètres au-
dessus de la Bièvre. Le *terminus* de cette dérivation est le vaste

réservoir construit sur le plateau de Montrouge, près du parc de Montsouris, et pouvant contenir 300,000 mètres cubes d'eau, soit le produit du débit de l'aqueduc durant trois jours.

Enfin, outre la Seine, l'Ourcq, les sources diverses et les puits artésiens dont nous venons de parler, la Marne a aussi été mise à contribution. Une usine hydraulique (780 chevaux-vapeur), située à Saint-Maur, et utilisant une chute d'eau créée par l'établissement du canal de Saint-Maur, puise chaque jour dans la rivière 45,000 mètres cubes d'eau, dirigée sur le réservoir de Ménilmontant, à l'aide d'une conduite longue de 9,821 mètres. Deux machines à vapeur de renfort (500 chevaux) suppléent à l'insuffisance de la force motrice de la rivière en temps de basses eaux. Du réservoir de Ménilmontant, deux petites machines à vapeur refoulent les eaux de la Marne, ainsi que celles de la Dhuis, dans un réservoir supérieur à deux étages, dit du Télégraphe, au point culminant de Belleville ; de là, elles s'épanchent dans les rues où aucune autre eau ne peut parvenir.

Le service public des eaux dans Paris est fait par 52 fontaines publiques, 66 fontaines monumentales, 65 fontaines Wallace, 595 bornes-fontaines, 5,429 bouches sous trottoirs, 254 poteaux et bouches d'emplissage de tonneaux, 4,175 bouches d'arrosement à la lance, 945 bouches d'incendie, 1,289 urinoirs, 178 robinets de stations de voitures. Sur les 220,000 mètres cubes distribués chaque jour dans la ville, le service public, — lavage, arrosement, fontaines à puisage libre, — absorbe 135,000 mètres cubes ; 15,000 sont attribués aux établissements de l'État, du département, de l'assistance publique et de la ville ; 70,000 mètres cubes sont cédés au service public, par 56,000 abonnements desservant les maisons.

Les eaux provenant des maisons, des usines, des tuyaux de descente des maisons, de la voie publique, etc., s'écoulent, comme nous l'avons dit, dans les *égouts*, qui forment sous la ville de Paris un magnifique réseau de voies souterraines, dû, en grande partie, au célèbre ingénieur Belgrand. La base de ce système est l'égout collecteur d'Asnières, qui part de la place de la Concorde, suit la rue Royale, le boulevard Malesherbes, passe ensuite sous la butte de Monceau et débouche en Seine près de Clichy, à l'aval du pont d'Asnières. Ce grand collecteur a plusieurs tributaires, qui sont comme les affluents d'un fleuve et dont le principal est le grand collecteur de la rive gauche : celui-ci, prenant naissance près de la porte d'Italie, au point où la Bièvre traverse les fortifications, suit la direction générale de cette rivière, dont il recueille les eaux, parcourt les boulevards Saint-Germain et Saint-Michel, et les quais de la rive gauche, du pont Saint-Michel à celui de l'Alma. Là il traverse en siphon le lit du fleuve, s'enfonce en souterrain dans la butte de Chaillot, traverse le village de Levallois-Perret et se raccorde au collecteur général un peu en avant du point où celui-ci croise le chemin de fer de l'Ouest à Clichy. Aux grandes lignes d'égouts se rattachent des collecteurs de second degré, puis enfin les égouts ordinaires, qui forment un inextricable labyrinthe dont la longueur totale est de 620 kilomètres.

En aval de Paris, à Saint-Denis (rive droite), la Seine reçoit le *Rouillon*, qui naît dans le voisinage de la forêt de Montmorency, près de Bouffemont (Seine-et-Oise), arrose Dugny et reçoit le *Crould* grossi de la *Mollette*, petit ruisseau qui vient du Bourget.

CANAUX. — Le **canal de l'Ourcq**, établi dans le but d'alimenter les canaux Saint-Denis et Saint-Martin, et de porter des eaux potables à Paris, se compose de deux parties différentes : 1º d'une section de l'ancienne rivière canalisée, entre Port-aux-Perches (Aisne) et Mareuil (Oise) ; 2º du canal proprement dit, qui commence à Mareuil et se termine au bassin de la Villette. Sa longueur totale est de 107,914 mètres ; sa pente, de 15^m,39, est rachetée par dix écluses. Le tirant d'eau est de 1^m,40. Le canal, qui reçoit huit autres petites rivières (notamment le Clignon), outre celle de l'Ourcq, apporte à la Villette un volume net de 160,000 mètres cubes par jour. A ce produit s'ajoutent, en été, 60,000 à 80,000 mètres cubes puisés dans la Marne par deux usines hydrauliques situées, l'une à Isles-les-Meldeuses, l'autre à Trilbardou (Seine-et-Marne).

Le **canal Saint-Denis**, partant de la gare circulaire établie sur le canal de l'Ourcq à 700 mètres du bassin de la Villette, aboutit à la Seine au hameau de la Briche. Sa longueur est de 6,647 mètres. Il met la Seine, par le canal

Entrée du canal de Saint-Maur, à Joinville-le-Pont.

Saint-Martin, en communication avec elle-même, et abrège ainsi de 16 kilomètres le trajet du pont d'Austerlitz à la Briche (30 kilomètres par la Seine, 14 par les canaux).

Le **canal Saint-Martin** part du bassin de la Villette, traverse une partie de Paris et débouche dans la Seine par le bassin de l'Arsenal, au-dessous du pont d'Austerlitz. De l'avenue de la République à la place de la Bastille, ce canal est recouvert d'une voûte sur laquelle passe le boulevard Richard-Lenoir. Des prises d'air et de jour sont ménagées de distance en distance au centre de parterres entourés de grilles. La navigation s'y fait au moyen d'un petit toueur à vapeur. Parcours, 4,228 mètres; pente, 24ᵐ,68, rachetée par neuf écluses; tirant d'eau, 2 mètres; tonnage maximum, 400 tonnes.

Le **canal de Saint-Maur** a son origine à l'est et à 240 mètres au-dessous du pont de Joinville, traverse un coteau par un souterrain long de 600 mètres, et se termine à la sortie de ce tunnel par un bassin long de 314 mètres. Ce canal, qui évite à la navigation le long circuit de la Boucle de la Marne, rachète 13 kilomètres de rivière. La longueur du canal, entre ses deux embouchures dans la Marne, est de 1,115 mètres. La pente, qui est en étiage de 4ᵐ,30, est rachetée par une écluse d'un seul sas. Sur ce canal, à la sortie du souterrain, s'embranche, le *canal de Saint-Maurice*, qui suit la rive droite de la Marne et vient déboucher dans la Seine en aval du pont de Charenton.

IV. — Climat.

Le climat de Paris et du département de la Seine, qu'on peut prendre pour type du climat de la région nord-ouest de la France, est le climat *séquanien* (ou *parisien*), ainsi nommé parce qu'il domine dans le bassin de la Seine (en latin *Sequana*). Les changements de temps y sont fréquents en toute saison; mais cette inconstance n'exclut pas une certaine égalité dans la température qui, relativement à celle d'autres régions, est assez uniforme, grâce au voisinage de la Manche. En effet, le climat de la Seine se rapproche beaucoup du climat insulaire ou marin, et tient le milieu entre le climat des côtes de la Manche et le climat continental du nord-est. Moins froid en hiver que ce dernier, il l'est plus que ceux du sud et de l'ouest. En été, il est plus tempéré que les climats du sud et de l'est, plus chaud que celui de l'ouest.

La température moyenne de Paris, calculée par M. Flam-

marion sur une période de 76 ans d'observations faites à
l'Observatoire de Paris (1804-1880), est de + 10°.8. De 1801
à 1876, la plus haute température observée à Paris a été de
+ 58°,4, le 9 juillet 1874, à l'Observatoire de Montsouris ; la
plus basse, de — 23°,7, le 9 décembre 1879. Pour cette
période de 76 années, la température moyenne a été, par
saison : hiver, 5°,7 ; printemps, 10°,5 ; été, 18°,2 ; automne,
11°,1. Enfin les températures moyennes mensuelles ont été
(de 1806 à 1880) : janvier, 5°,1 ; février, 4°,6 ; mars, 6°,4 ;
avril, 10°,7 ; mai, 15°,9 ; juin, 17°,1 ; juillet, 19°,1 ; août,
18°,4 ; septembre, 15°,7 ; octobre, 11°,5 ; novembre, 6°,2 ;
décembre, 5°,6. Au mois de décembre 1879, le thermomètre

Buttes-Chaumont.

est descendu à 17 degrés au-dessous de zéro dans l'intérieur
de Paris, à 20 à Asnières, à 24 à la porte Maillot, à 25°,6 au
parc Saint-Maur (bois de Vincennes).

En moyenne, le 8 janvier est le jour où le thermomètre
descend le plus bas, et le 19 juillet celui où il s'élève le plus
haut. La Seine ne gèle jamais sans que le thermomètre des-
cende au-dessous de — 8 degrés.

Pendant chacun des hivers de 1819-1820, 1829-1830 et
1879-1880, la Seine a gelé sur presque toute son étendue, de

Bercy à Auteuil. Elle a été prise en plusieurs endroits pendant les hivers de 1840-1841, 1853-1854, 1857-1858, 1870-1871 et 1879-1880.

La quantité annuelle de pluie tombée à Paris (environ 50 centimètres) est, d'après M. Camille Flammarion (l'*Atmosphère*), distribuée de la manière suivante entre les divers mois de l'année : janvier, 35 millimètres ; février, 26 ; mars, 31 ; avril, 37 ; mai, 52 ; juin, 51 ; juillet, 46 ; août, 47 ; septembre, 48 ; octobre, 49 ; novembre, 45 ; décembre, 39. Le nombre annuel moyen des jours de pluie est de 143, dont 58 en hiver, 35 au printemps, 34 en été, 36 en automne.

Annuellement on compte en moyenne douze jours de neige, 185 pluvieux ou couverts, 90 nuageux, 80 beaux ou peu nuageux. Le vent dominant est celui du sud-ouest, courant très tempéré. Le vent le plus froid est celui du nord-est ; le plus chaud, celui du sud. On compte en moyenne 13 orages par an.

En résumé, étant donné la latitude, le climat parisien est très agréable et, malgré sa variabilité, l'un des plus sains de l'Europe. Ajoutons pourtant qu'en général Paris est enveloppé d'une épaisse vapeur, mélange de brouillard et de fumée, qui le recouvre à une hauteur de plus de 100 mètres. La région du sud-ouest est la plus pure, et il est à remarquer que depuis les origines historiques, c'est précisément dans cette direction que la capitale s'étend davantage.

V. — Curiosités naturelles.

La nature n'offre point aux environs de Paris les grands spectacles des régions montagneuses et des bords de l'Océan ; mais, bien que les curiosités naturelles proprement dites fassent ici presque complètement défaut, il serait difficile de trouver autour d'une autre capitale tant de frais vallons, de riants coteaux, de beaux panoramas, autant de verdure, d'ombre et de fraîcheur. L'art y empiète peut-être trop sur la nature ; mais qui ne louerait le goût et la hardiesse qui ont présidé à la transformation des Buttes-Chaumont en un parc pittoresquement accidenté, à celle des bois de Boulogne et de Vincennes, devenus, grâce à leurs lacs et à leurs cascades artificielles, à leurs vertes pelouses, de délicieuses promenades? A l'est, la gracieuse vallée de la Marne; au sud, celle de la Bièvre, Sceaux, Robinson et ses célèbres châtaigniers, la vallée aux Loups, le Plessis-Piquet, la Fosse Bazin, qui est une gorge des Alpes ou un col des Pyrénées en miniature, les bois de Clamart et le panorama de Châtillon; à l'ouest, les bords de la Seine, attirent et captivent les promeneurs.

VI. — Histoire.

César est le premier écrivain qui parle avec quelques détails du pays renfermé dans les limites du département actuel de la Seine. Dans ses *Commentaires sur la guerre des Gaules*, livre presque aussi célèbre que ses conquêtes, le général romain nous apprend que, de son temps, ce territoire était occupé par les *Parisii*, ou Parisiens, dont la localité principale, *Lutetia* ou Lutèce (plusieurs auteurs anciens l'appellent *Lucetia*), occupait, au milieu du fleuve de la Seine, l'île qui, agrandie depuis, s'appelle aujourd'hui la Cité. C'était une bien petite ville, capitale d'un bien petit peuple, dont les vieillards, au temps de César, se souvenaient d'avoir vu l'union avec la puissante nation des Sénons ou habitants du pays de Sens. Mais ces Parisiens étaient des hommes intelligents et actifs; ils avaient parmi eux une corporation vaillante et riche, celle des *nautæ* ou mariniers, qui sillonnaient de leurs bateaux de commerce tout le cours navigable de la Seine et poussaient peut-être leurs expéditions jusqu'aux côtes de la Grande-Bretagne.

Les Parisiens parurent d'abord faire bon accueil à César, qui avait écrasé les peuples voisins et particulièrement les Sénons. Mais, en l'an 52 avant Jésus-Christ, lorsque les Éduens et les Arvernes eurent levé l'étendard de la défense nationale et que les Gaulois eurent trouvé dans Vercingétorix un chef capable de les commander, les Parisiens, comme les peuples d'alentour, se déclarèrent contre la domination romaine, bien que, l'année précédente, César leur eut fait l'honneur de convoquer dans leur île l'assemblée générale des Gaules. Ils se trouvèrent fondus dans une grosse armée sous le commandement d'un Aulerque, l'intrépide Camulogène. En l'absence de César, qui n'était pas encore revenu de sa première et malheureuse expédition contre Vercingétorix, son lieutenant Labiénus marcha par la rive droite de la Seine sur Lutèce, en face de laquelle, sur la rive gauche, Camulogène avait pris position après avoir coupé les ponts et brûlé la ville. Craignant l'arrivée des Bellovaques par le nord et voulant au plus tôt livrer bataille, Labiénus, grâce à un stratagème, traversa le fleuve en aval de la Cité, pendant que les Gaulois se portaient en amont croyant l'arrêter ; il les rencontra et les battit complètement.

Lutèce fut oubliée durant trois siècles par les empereurs romains. Elle continua toutefois de prospérer par son commerce fluvial ; elle eut dans son île un temple de Jupiter ; elle commença à s'étendre sur la rive gauche de la Seine, où elle eut un amphithéâtre et plus tard un palais qu'habitèrent Constance Chlore et Julien.

Sous Constance Chlore, qui régna sur les Gaulois de 292 à 306, Lutèce avait déjà une église chrétienne, qu'avait fondée l'évêque Dionysius ou Denis, avec l'aide de ses deux diacres Éleuthère et Rustique. L'apôtre des Parisiens et ses compagnons subirent le martyre sur la colline qui prit depuis le nom de *Montmartre* (*Mons Martyrum*, montagne des martyrs) ; leurs restes furent ensevelis dans la villa dite *Catulliacum*, où s'établit aussitôt un célèbre pèlerinage. Cela se passait vers la fin du premier siècle selon quelques auteurs, vers l'an 250 suivant le plus grand nombre. Constance Chlore respecta les nouvelles croyances, sans les partager encore, tandis que Julien, après les avoir embrassées, les abandonna et s'attacha à les combattre.

Ce fut toutefois sous Julien que Lutèce atteignit une im-

portance politique et une splendeur qu'elle n'avait jamais
connues. Ce prince en préférait le séjour à celui de toutes
les autres villes de l'Empire; il venait s'y reposer entre deux
expéditions, et il y fit bâtir ou agrandir le palais dont il
reste encore la partie réservée aux bains et qui, pour cette
raison, s'appelle depuis longtemps les Thermes de Julien.
Ce fut un peu plus tard le premier palais des rois de France.

Lutèce au quatrième siècle.

Julien mourut en 364, loin de Lutèce, après avoir gou-
verné seul l'Empire trois ans et la Gaule neuf ans. Son
successeur Valentinien habita encore quelquefois Lutèce;
néanmoins cette ville ne devint jamais la capitale officielle de
la Gaule : ce titre resta successivement à Lyon, Arles et
Trèves; elle ne fut même pas le chef-lieu d'une province,
ce qui explique pourquoi ses prélats n'eurent jamais que le
rang d'évêques et demeurèrent jusqu'au dix-septième siècle
suffragants des archevêques de Sens.

La première partie du cinquième siècle fut remplie par
l'apostolat de saint Marcel, qui, suivant la légende, délivra

les Parisiens des ravages d'un terrible dragon. Ce dragon est sans doute l'allégorie du paganisme, dont il fit disparaître les derniers restes. Sur l'emplacement du temple de Jupiter s'éleva l'église Saint-Étienne, la première cathédrale de Lutèce ; les jeux sanglants de l'amphithéâtre furent abolis. Alors aussi grandissait, dans la bourgade appelée *Nemptodorum* (Nanterre), une jeune fille, sainte Geneviève, dont les Parisiens exaltèrent bientôt les vertus et les miracles ; ce fut elle qui, dans cette terrible commotion qui sépare l'antiquité du moyen âge, apparut comme l'oracle et la providence de ses concitoyens.

Attila, qui fut au milieu du cinquième siècle le fléau de toute l'Europe, n'approcha point de Lutèce ou du moins n'y entra point, et la préservation inattendue de la ville fut attribuée aux prières de Geneviève. Elle y était alors la véritable souveraine, et ce fut par ses conseils que les Parisiens refusèrent obstinément à Clovis l'entrée dans leurs murs jusqu'à ce qu'il eut embrassé le christianisme. Il en prit possession en 497, établit sa cour dans le palais de Julien et fit de Lutèce, appelée désormais Paris, du nom de son peuple, la capitale de ses états. Il y fonda l'abbaye de Saint-Pierre, où fut enterrée auprès de lui sainte Geneviève, dont le monastère prit bientôt le nom. A son tour, Childebert, le meilleur de ses quatre fils, bâtit la basilique de Saint-Vincent, devenue un peu plus tard le monastère de Saint-Germain-des-Prés, du nom de l'évêque saint Germain de Paris, mort en 576. Ce fut dans cette église que furent enterrés la plupart des princes mérovingiens, de Childebert à Dagobert, et notamment Chilpéric et l'odieuse Frédégonde . Ces monastères étaient situés sur la rive gauche de la Seine. D'autres moins importants, comme ceux de Saint-Martin et de Saint-Laurent, s'établirent sur la rive droite, encore peu habitée, et attirèrent de ce côté un noyau toujours croissant de population.

Dagobert porta sa dévotion sur saint Denis ; il remplaça la modeste église de *Catulliacum* par un temple somptueux, auprès duquel il établit des moines. Il voulut y être enseveli, et dès lors cette église fut la nécropole en titre des rois de France. Une ville se forma autour du monastère et prit le nom de Saint-Denis.

Paris suivit les Mérovingiens dans leur décadence. Pépin le Bref y résida peu; Charlemagne n'y vint presque jamais. Aix-la-Chapelle fut, au détriment de Paris, la capitale du nouvel empire d'Occident.

Charles le Chauve disposa de Paris et de son territoire

Puits de Sainte-Geneviève, à Nanterre.

comme d'un simple fief. et les derniers Carlovingiens durent tenir leur cour dans la ville de Laon. La puissance des comtes de Paris ou ducs de France, qui devinrent à leur tour rois de France par l'avènement de Hugues Capet, prépara la suprématie définitive de Paris sur les autres villes du royaume. Cette puissance fut justifiée par de réels services. En 885, Eudes, aidé par l'évêque Gozlin, défendit brillamment Paris, attaqué par les Normands; après un an de siège, il vit arriver à son secours, à la tête d'une armée, l'empereur Charles le Gros en personne; mais l'empereur préféra acheter à prix d'or la retraite des Normands que de les combattre. Cette lâcheté indigna les Allemands, qui ne tardèrent pas à le déposer, et surtout les Français, qui se séparèrent pour toujours de l'Empire et choisirent pour roi Eudes lui-même. Ce prince repoussa, en 890, une nouvelle agression des Normands contre Paris; il eut pour compétiteur, à la fin de son règne, Charles le Simple, le vainquit, transmit la couronne avec le comté de Paris à son frère Robert, qui fut à son tour vaincu par Charles le Simple.

A Robert succéda au comté de Paris son fils Hugues dit le Grand, qui dédaigna de prendre le titre de roi. Hugues Capet eut moins de scrupule : il ceignit la couronne en 987, après l'avoir défendue contre l'empereur Otton II, qui avait conduit son armée jusqu'aux portes de Paris, en 978.

Les quatre premiers Capétiens : Hugues, Robert, Henri Ier et Philippe Ier résidèrent moins à Paris qu'à Orléans. Louis VI et Louis VII y fixèrent leur principal séjour; mais ce fut uniquement sous Philippe Auguste que cette ville se vit dotée de tous les attributs d'une capitale. Philippe Auguste. aussi intelligent administrateur qu'intrépide guerrier, établit à Paris les divers officiers de son gouvernement, s'y bâtit lui-même la grosse tour du Louvre, où il enferma ses archives et ses trésors, et qui fut comme le siège, le centre officiel de sa souveraineté. Il environna de remparts les faubourgs qui s'étaient formés sur les deux rives de la Seine et qui dès lors firent partie intégrante de la ville. Il ordonna de paver les rues, jusqu'alors impraticables en temps de pluie, créa le grand cimetière des Innocents, établit de vastes halles, reconstruisit plusieurs ponts. Il doubla presque l'importance de Paris en régularisant et groupant sous le titre d'Université les leçons de littérature, de philosophie et de théologie que donnaient déjà depuis plus d'un siècle les savants en renom.

L'Université fut créée en 1200, organisée en 1215; elle forma sur la rive gauche comme une ville à part, où s'éle-

Eglise canoniale de Saint-Denis.

vèrent successivement autour d'elle de nombreux collèges
à la discipline sévère, tels que Montaigu, Harcourt, Beauvais,
et des internats destinés à recevoir les écoliers. Ceux-ci
affluèrent de tous les points de l'Europe, attirés par la haute
renommée des professeurs, les privilèges étendus accordés par
les rois de France et les ressources que des fondations pieuses
avaient ménagées aux jeunes gens trop pauvres pour sub-
venir aux frais de leurs études. Paris, devenu le chef-lieu
politique d'une nation, conquit encore le sceptre de l'intelligence et régna sur le monde, comme jadis Athènes, par les
arts, les lettres et les sciences qui se réveillaient dans son
sein. Avoir étudié à Paris était le meilleur titre et la meil-
leure recommandation qui pût être ambitionnée ; un prestige
tout particulier entourait à leur retour les étrangers qui
avaient pris à Paris leurs grades universitaires ; les honneurs
et les dignités les attendaient dans leur patrie, où ils appor-
taient l'amour et le respect de la France. Le commencement
du treizième siècle était précisément l'époque où les arts et
notamment l'architecture se renouvelaient dans le domaine
royal et couvraient nos provinces du Nord d'admirables
cathédrales. Plusieurs étudiants, devenus évêques ou grands
seigneurs, appelèrent à eux des ouvriers parisiens, normands,
picards ou champenois, qui répandirent dans toute l'Europe
le goût et la pratique de l'art français.

L'Université de Paris eut encore un rôle considérable au
moyen âge dans les affaires politiques et religieuses. Elle
défendit avec opiniâtreté ses privilèges, et plus d'une fois,
pour obtenir justice, suspendit ses leçons. Des querelles
plus graves eurent lieu entre les étudiants et les bourgeois
et se terminèrent par de sanglants combats dans les rues. Ce
fut pour l'Université que furent créées les messageries, destinées d'abord à transporter les écoliers, leurs parents, leurs
visiteurs, leurs lettres et tous les objets nécessaires à leur
subsistance ou à leurs travaux.

Dès le règne de Philippe Auguste, Paris grandit de tous les
progrès réalisés dans l'unité monarchique. Avec la centra-

lisation judiciaire et administrative s'étendit l'importance de
la capitale. Cet accroissement était déjà sensible sous saint
Louis, qui institua le parlement, organisé un peu plus tard
sous Philippe le Bel. L'administration municipale prit de son
côté de nouveaux dépeloppements, et bien que Paris n'ait
jamais possédé une vraie charte de commune, les bourgeois
s'y montrèrent satisfaits des larges immunités que leur
avaient accordées les rois de la première branche capétienne.
A la tête de l'administration municipale étaient le prévôt de
Paris, magistrat judiciaire qui était avant tout un officier

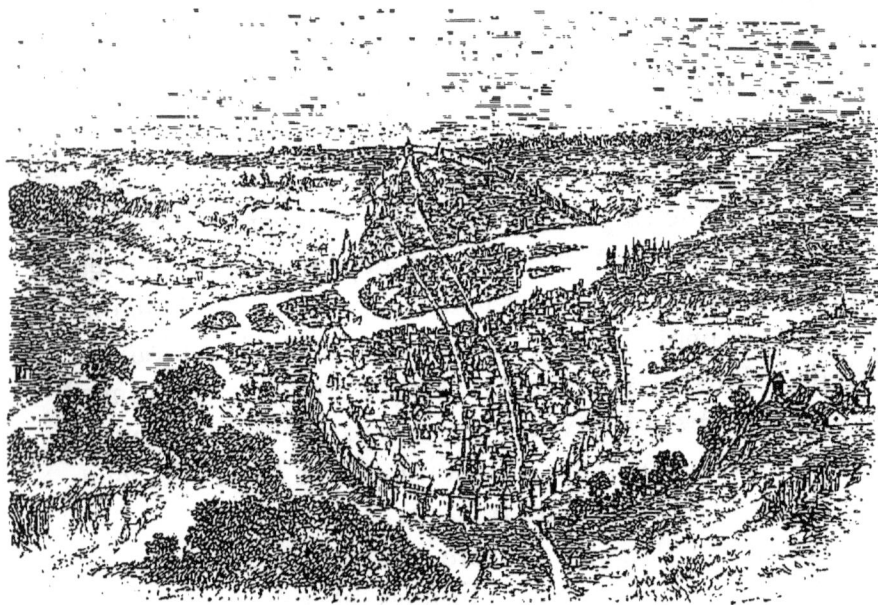

Paris au douzième siècle.

royal, et le prévôt des marchands, qui réglementait tout ce
qui avait rapport au commerce, à l'approvisionnement, aux
corporations, et qui était, sans en avoir le titre, le véritable
maire de Paris. Les séances du conseil eurent lieu d'abord
dans une maison de la montagne Sainte-Geneviève (quartier
actuel du Panthéon) appelée le « parloir aux bourgeois »;
plus tard elles se tinrent dans la « maison aux piliers », sur
l'emplacement de laquelle fut bâti, au seizième siècle, le
premier hôtel de ville.

Saint Louis, comme son aïeul, affectionna « sa bonne ville » de Paris, qui, dans une circonstance critique, lui avait prouvé son dévouement. Menacé pendant sa minorité par une ligue des barons, il avait été surpris durant un voyage à Orléans et n'avait eu que tout juste le temps d'aller s'enfermer au château de Montlhéry. A cette nouvelle, les bourgeois de Paris avaient aussitôt pris les armes pour l'aller chercher et le ramener au milieu d'eux dans sa capitale.

Louis IX se fit bâtir, à l'extrémité orientale de la Cité, un palais magnifique où il établit sa principale résidence. Parmi les constructions du Palais de justice actuel, il reste de la demeure de saint Louis les cuisines, une immense salle des gardes, trois tours de défense, et principalement la Sainte-Chapelle, église à double étage qui était, en même temps que l'oratoire royal, un immense écrin renfermant la Couronne d'épines de Jésus-Christ, acquise en Orient par ce prince. De nos rois, Louis IX fut celui qui aima le plus la justice ; il l'aima avec une véritable passion. Il la faisait rendre souvent sous ses yeux et la rendait lui-même, écartant ses gardes pour laisser approcher tous ceux qui avaient à lui parler. Pour donner à ses sujets une plus grande liberté d'accès, il avait coutume de s'asseoir, avec ses plus intimes confidents, sous un des chênes de la forêt de Vincennes, près d'une de ses maisons de campagne, et l'histoire reconnaissante s'est plu à enregistrer de telles scènes dignes de la simplicité de l'âge d'or. Saint Louis veillait à ce que ses officiers fussent aussi attentifs que lui-même à sauvegarder les droits du pauvre ou du faible. S'étant aperçu que de graves abus s'étaient par la suite des temps introduits dans la prévôté de Paris, il la réforma et fit rechercher dans tout le royaume le magistrat le plus intègre qui s'y put trouver, afin de le mettre à la tête de l'administration judiciaire de la capitale. « Alors, dit Joinville, lui fut indiqué Étienne Boileau, lequel maintint et garda si bien la prévôté que nul malfaiteur, ni larron, ni meurtrier n'osa demeurer à Paris, qui ne fût tantôt pendu ou exterminé : ni parenté, ni lignage (noblesse), ni

La Sainte-Chapelle.

or ni argent ne le purent garantir. La terre du roi commença
à s'amender, et le peuple y vint pour le bon droit qui s'y
faisait. Alors elle se peupla tant et s'amenda que les ventes,
les saisines (transmissions des biens), les achats et les autres
choses valaient le double de ce que le roi y recevait auparavant. »

Ce fut saint Louis qui fit rebâtir magnifiquement la plus
grande partie de l'église de Saint-Denis, déjà reconstruite
par Pépin le Bref, Charlemagne et l'abbé Suger. Il fit en outre
exécuter de nouveaux mausolées pour ses prédécesseurs déjà
enterrés dans l'abbaye.

Sous les fils de Philippe le Bel, l'hôtel de Nesle, en face du
Louvre, habité alors par les reines de France, devint le théâtre d'affreuses débauches, non moins célèbres dans l'histoire
que dans les romans.

Le palais de la Cité, occupé par le Parlement dès le
temps de Philippe le Bel, fut peu à peu abandonné à divers
services administratifs, et le Louvre, embelli par Charles V,
devint désormais, jusqu'à Louis XIV, le siège officiel de la
royauté. Comme saint Louis, Charles V aima Paris, qui pourtant lui rappelait de terribles scènes. Ce fut en effet de son
temps qu'eut lieu la première révolte de cette ville contre ses
souverains.

Les malheurs de la guerre de Cent ans avaient mis à son
comble l'exaspération publique, déjà excitée par la mauvaise
administration financière de Philippe le Bel et de ses successeurs. Les impôts croissaient toujours, et l'altération fréquente
des monnaies apportait le trouble dans toutes les transactions.
En octobre 1356, après la funeste bataille de Poitiers où fut
fait prisonnier le roi Jean, Charles, alors dauphin, arriva à
Paris et y convoqua immédiatement les États généraux, que
son père y avait déjà réunis deux fois depuis un an, et qui
s'étaient signalés par leurs tendances libérales. Cette fois, les
délibérations furent dirigées par le prévôt des marchands,
Étienne Marcel, homme dont l'intelligence politique devançait
son siècle, et qui fut le véritable précurseur de la Révolution

française. Sur sa motion et celle de son ami, Robert Lecoq, évèque de Laon, les États généraux, en octobre 1356 et dans les trois sessions qui suivirent, en 1357 et 1358, mirent pour condition à leur concours la réforme de l'administration, basée sur une plus juste répartition des impôts et le contrôle permanent des assemblées électives. C'était presque inaugurer le régime de la royauté constitutionnelle, régime encore impraticable en pleine féodalité. Le dauphin promit, rédigea des

Tour de Nesle.

règlements qui formaient une sorte de charte, mais qu'il trouva le moyen d'éluder. Le prévôt des marchands, prévoyant la résistance du gouvernement, tenait sous les armes les bourgeois de Paris. Alors vivait Charles le Mauvais, roi de Navarre et comte d'Évreux, prince sans foi ni mœurs, tout à fait digne de son surnom, et qui passa la plus grande partie de sa vie dans les intrigues et les trahisons. Il vint à Paris, harangua le peuple, et, de concert avec Marcel, l'excita contre le dauphin. Plusieurs hommes armés, ayant le prévôt à leur tête, envahirent le Louvre et massacrèrent sous les yeux de Charles ses deux principaux conseillers, les maréchaux de Normandie et de Champagne. Le dauphin, proclamé régent, quitta bientôt la capitale et tint à Compiègne de nouveaux États où les députés de la province, jaloux de l'influence prédominante de Paris, se montrèrent favorables au prince, tout en continuant de réclamer des réformes gouvernementales. Marcel, en révolte ouverte et craignant le retour victorieux du dauphin,

Le vieux Louvre.

suscita ou du moins encouragea à l'extérieur la terrible insurrection des Jacques. La Jacquerie fut écrasée, et Marcel, sentant sa cause perdue, se disposa à introduire dans la place le roi de Navarre et les Anglais que celui-ci avait emmenés. Le peuple de Paris ne voulait point aller jusque-là ; cette alliance avec les ennemis les plus acharnés de la patrie le détourna de son prévôt, dont les démarches furent surveillées, et qui fut massacré au moment même où, pendant la nuit, il s'appro-

chait, muni de clefs, d'une des portes de la ville pour l'ouvrir à
Charles le Mauvais.

Devenu roi, Charles V profita de la dure leçon qu'il avait
reçue dans sa jeunesse, et s'il ne jugea pas à propos d'accorder
les réformes que d'ailleurs les excès d'Étienne Marcel avaient
rendues moins populaires, il n'usa du moins de son autorité
absolue que pour faire le bien. Son administration rappela
celle de saint Louis. La construction de la Bastille, qui lui

La Bastille.

est due, n'imprime aucune tache à sa mémoire, car cette forteresse, avant de devenir une prison d'état, n'eut d'autre but
que la défense de Paris. Il fit bâtir aussi, à Paris l'hôtel Saint-
Paul, à côté du bois de Vincennes le grand palais fortifié
qu'avaient déjà commencé ses prédécesseurs, et dans la vallée
de la Marne, près de Nogent, le château de Beauté.

Malgré son goût pour les constructions, malgré les dépenses
occasionnées par la lutte contre l'Angleterre, Charles, qui

mourut en 1580, à l'hôtel Saint-Paul, laissa un trésor considérable et inscrivit parmi ses dernières volontés un abaissement notable des impôts. Malheureusement ses trois frères, qui se partagèrent la régence, gaspillèrent le trésor, et loin de diminuer les impôts, en ajoutèrent d'intolérables. Les bourgeois, en 1582, prirent de nouveau les armes, délivrèrent le prévôt des marchands, Hugues Aubriot, qui avait été incarcéré, et massacrèrent les officiers chargés de percevoir les taxes. Les insurgés furent appelé *Maillotins*, du nom des maillets qui leur servirent à enfoncer les portes de la prison où leur premier magistrat avait été enfermé. Ils firent alliance avec les communes de Flandre révoltées contre leur duc et hostiles au roi de France. Charles VI, à peine adolescent, voulut partir d'abord contre les Flamands, les battit à Rosbecque et revint décidé à châtier Paris. Les bourgeois, sous prétexte de lui offrir leur concours, mais en réalité pour faire parade de leurs forces et intimider le jeune prince, sortirent tous en armes et se rangèrent en bataille sous les murs de la ville. Le roi ne les voulut point voir en cet état et entra dans Paris comme dans une place conquise, en faisant abattre les portes. Les préparatifs de la vengeance furent terribles; mais les oncles du roi feignirent d'intercéder pour le peuple. Après l'exécution des principaux meneurs et de l'avocat général Desmarets, qui était innocent, une amnistie fut accordée et les nouveaux impôts abolis, au prix d'une amende qui dépassait notablement la valeur annuelle de ces impôts (1383).

La fin du règne de Charles VI fut aussi désastreuse pour Paris que les commencements. La faction des Armagnacs, opposée à celle des Bourguignons et soutenue par le comte d'Armagnac, s'y empara du pouvoir après la bataille d'Azincourt (1415) et fit peser une effroyable tyrannie sur la ville, que les soldats navarrais, gascons et génois traitèrent en pays conquis. Les habitants, affolés, appelèrent les partisans de Jean Sans-Peur, le duc de Bourgogne, et les rues furent pendant plus d'un an plusieurs fois ensanglantées par les scènes de la barbarie la plus sauvage. En 1419, le meurtre de Jean

Entrée de Charles VI à Paris.

délivra Paris; mais, l'année suivante, le traité de Troyes, le plus honteux de notre histoire, livrait la capitale au joug étranger. Le roi d'Angleterre Henri V entra solennellement dans Paris, avec le titre de roi de France, et mourut à Vincennes en 1421, laissant à son fils Henri VI sa couronne usurpée.

Charles VII, l'héritier légitime de Charles VI, n'était plus que le roi d'Aquitaine, le « roi de Bourges. » Les humiliantes défaites et l'inaction non moins humiliante qui signalèrent les sept premières années de son règne firent place aux merveilleux succès de Jeanne d'Arc. Après le sacre à Reims, en juillet 1429, forcée de rester avec le roi bien qu'elle crût sa mission terminée, elle l'entraîna sur Paris, prit Saint-Denis, mais fut blessée devant la porte Saint-Honoré, en voulant donner l'assaut de la capitale. Les ordres formels du roi, qui craignait ses victoires presque à l'égal de ses défaites, obligèrent l'armée française de se retirer, et ce ne fut que plus de six ans après, en 1436, que Paris, aidé par le soulèvement de toute l'Ile-de-France contre les Anglais, put ouvrir ses portes au connétable Arthur de Richemont. Le roi, toujours plus occupé de ses plaisirs que de sa gloire, ne daigna faire son entrée solennelle que dix-huit mois plus tard; mais dès ce moment il secoua sa trop longue indolence et gouverna après s'être contenté de régner.

Les successeurs de Charles VII renoncèrent peu à peu au séjour de la capitale, lui préférant, suivant leurs goûts personnels, l'une ou l'autre de leurs maisons de campagne. Louis XI se plut à Loches, à Amboise et à Plessis-lès-Tours, Louis XII à Blois, François Ier à Fontainebleau et à Chambord, Henri II à Saint-Germain et à Fontainebleau. Le Louvre fut délaissé. Charles VII et Louis XII habitèrent près de l'hôtel Saint-Paul le palais des Tournelles, acquis par Charles VI. Ce fut dans un tournoi donné sous les murs des Tournelles que le roi Henri II reçut une blessure mortelle, en 1559.

Cependant François Ier avait commencé la reconstruction du Louvre avec toutes les splendeurs de l'architecture dite de la Renaissance, qui peu à peu mettait à la place de l'art du

moyen âge l'imitation des monuments antiques. Avant même
d'être achevé, le nouveau palais fut déshonoré par Charles IX,
prince faible que sa faiblesse même entraîna aux partis les
plus extrêmes. Pour se
défaire de l'amiral de
Coligny et n'avoir pas
à redouter les vengean-
ces du parti protes-
tant, dont ce grand
omme était le chef,
le roi n'hésita pas à
décréter, à l'instiga-
tion de sa mère, le
massacre général des
Huguenots dans toute
la France. L'ordre fut
signé au Louvre, et ce
fut là que Catherine
de Médicis en attendit
les résultats. Il ne fut
que trop bien exécuté
à Paris, et la date du
jour de Saint-Barthé-
lemy (24 août 1572)
est une des plus néfas-
tes de notre histoire.
L'horrible boucherie
dura trois jours; on
ignore à combien de
milliers doit être porté
le nombre des victimes.

Fenêtre dite de Charles IX, au Louvre.

Une tradition fort discutée montre le roi lui-même tirant du
haut d'un balcon sur les protestants qui fuyaient le long des
quais de la Seine. Moins de deux ans après, Charles IX expirait
dans ce même palais, enlevé par une vieillesse prématurée et
par d'opiniâtres remords.

Cinq ans avant la Saint-Barthélemy, le 10 novembre 1567, la plaine de Saint-Denis avait été le théâtre d'une bataille sanglante où le célèbre connétable Anne de Montmorency avait payé de sa vie sa victoire sur les protestants. Cette journée avait délivré Paris et considérablement affaibli le parti huguenot, qui fut obligé de demander bientôt la paix.

Henri III, aussi faible de caractère que son frère, voulut à son tour persécuter les Calvinistes, mais avec une modération qui lui enleva la confiance des catholiques ardents. La Ligue se forma pour la défense des intérêts religieux qu'on croyait menacés, et en se mettant à la tête de cette association, le duc de Guise devint bientôt plus puissant que le roi lui-même. Sous sa direction, Paris fut organisé militairement; chacun des seize quartiers de la ville fut chargé de nommer un député au conseil central créé par lui, et ainsi se forma la célèbre faction des Seize, qui gouverna despotiquement la capitale et fit quelque temps peser sur elle une sorte de terreur. Tandis que le roi était au Louvre, Guise vint à Paris, en 1588, sans y être mandé, et y fut l'objet d'ovations enthousiastes. Inquiet, Henri III fit rassembler dans la ville six mille soldats et quatre mille Suisses pour parer à tout évènement. Ces précautions mêmes amenèrent un conflit. La population, inquiète à son tour, courut aux armes, tendit des chaînes à travers les rues, dressa des obstacles, cerna les troupes, les attaqua et les força de se rendre. Ce fut la première *Journée des Barricades*. Le Louvre fut assiégé, et le roi ne parvint que très difficilement à s'enfuir à Saint-Cloud et de là à Blois, où sept mois après il se vengeait de son ennemi par un odieux assassinat. Ce triste exploit ne lui rendit pas sa capitale, où le frère de Guise, le duc de Mayenne, souleva les bourgeois indignés. Henri vint aussitôt commencer le siège de Paris, que termina trois mois après un nouvel assassinat : le 1er août 1589, Henri III, le dernier des Valois, tombait sous le poignard de Jacques Clément, en désignant pour son successeur Henri IV, déjà roi de Navarre, mais protestant et par suite repoussé par la Ligue. Celle-ci élut

L'Hôtel de Ville de Paris en 1594.

pour roi le vieux cardinal de Bourbon, Charles X, et pour lieutenant-général du royaume le duc de Mayenne, qui fut trois ans le véritable souverain de Paris.

La guerre civile ensanglanta la province ; en 1590, elle se porta de nouveau sur Paris, devant lequel se présenta l'armée royale après ses éclatantes victoires d'Arques et d'Ivry. Aux calamités d'un blocus de quatre mois, terrible dans une ville si populeuse et qui n'avait point pour s'approvisionner les ressources de l'industrie moderne, se joignirent les scènes du fanatisme le plus exalté et les excès tyranniques des Scize. Quiconque se plaignait ou parlait de paix était menacé du dernier supplice. Le duc de Parme, envoyé par le roi d'Espagne, Philippe II, au secours des Ligueurs, réussit à pénétrer dans la place, à y introduire des vivres par la Seine, et à en éloigner deux fois Henri IV, qui, depuis, tenta de s'en emparer par surprise. Néanmoins les Seize continuèrent de s'y livrer à des abus de pouvoir tellement monstrueux que Mayenne, personnellement honnête et modéré, en condamna quatre à mort pour avoir fait pendre en son absence trois hauts magistrats, parmi lesquels Barnabé Brisson, premier président du Parlement.

Henri fut plus heureux à Saint-Denis, dont il s'empara, le 8 juillet 1590, et où il fit, trois ans plus tard, son abjuration solennelle. Les portes de Paris toutefois ne lui furent ouvertes que le 22 mars 1594, après son sacre, et il s'appliqua aussitôt à faire oublier, par une administration sage et paternelle, les souffrances qu'avait si longtemps endurées la capitale. Il se plut à y résider souvent, continua le Louvre et commença la galerie qui devait le réunir au palais des Tuileries, bâti hors les murs par Catherine de Médicis. Il se ménageait ainsi le moyen de sortir librement de la place en cas d'émeute ; mais ses sujets l'aimaient trop pour rendre un jour cette précaution nécessaire, et ce fut au milieu des larmes d'un peuple entier que se répandit, en 1610, la foudroyante nouvelle de son assassinat. Ravaillac l'avait frappé, rue de la Ferronnerie, au milieu même de Paris.

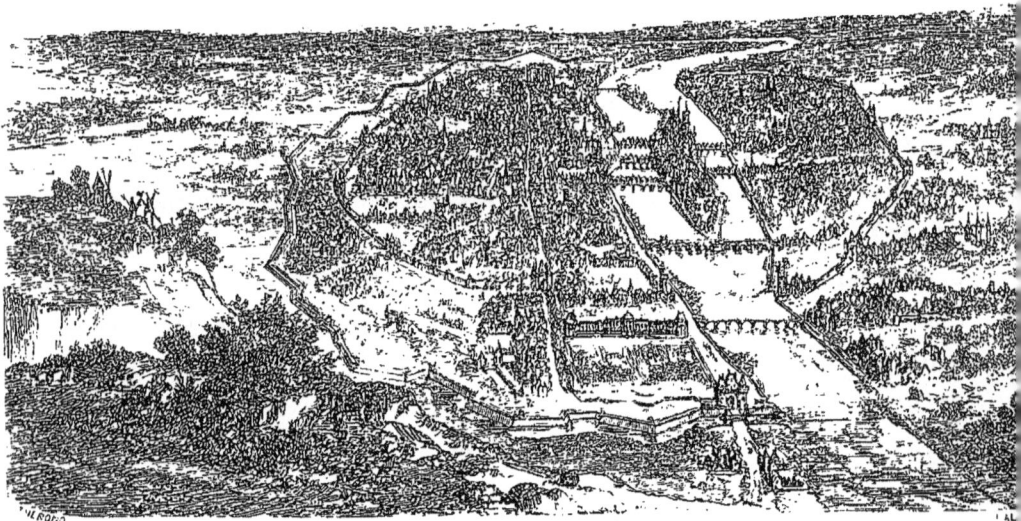

Paris sous Louis XIII.

Une partie de la jeunesse de Louis XIII se passa au Louvre, dont ce roi fit achever la cour ; lui et son ministre Richelieu poursuivirent avec activité les travaux d'agrandissement et d'embellissement entrepris par Henri IV. La Cité fut augmentée, à l'ouest, d'un îlot qui la joignit au Pont-Neuf et où s'élevèrent les maisons de la place Dauphine. L'île Saint-Louis, qui ne contenait que des terrains vagues et des prairies, fut couverte de rues régulières et forma une paroisse nouvelle. Le quartier de la rive gauche prit de nouveaux développements ; celui de la rive droite fut entouré d'une nouvelle enceinte. La place Royale (aujourd'hui place des Vosges) fut entourée de maisons uniformes. Marie de Médicis bâtit le Luxembourg, Anne d'Autriche le Val-de-Grâce, Richelieu le palais Cardinal, devenu plus tard le Palais-Royal. Le Louvre fut continué. Quelques rues nouvelles furent percées, d'autres élargies. Enfin l'Imprimerie royale fut créée en 1620, le Jardin des plantes en 1626, l'Académie française en 1635.

Louis XIV habita souvent Paris durant sa minorité ; mais les habitants lui en rendirent un moment le séjour dangereux. Sa mère, Anne d'Autriche, et son ministre, le cardinal Mazarin, eurent à lutter contre les deux mouvements politiques que l'histoire a réunis sous le nom de Fronde, mais qui, dans leurs causes, n'en étaient pas moins distincts : la révolte du Parlement et celle des grands seigneurs. Le Parlement, qui brûlait de ressaisir dans toute sa plénitude son ancienne autorité abaissée par Richelieu, prit occasion d'un édit d'octroi, injuste d'ailleurs, pour manifester sa mauvaise volonté. La régente fit arrêter, en 1648, deux des conseillers les plus influents, au retour d'un *Te Deum* solennel chanté à Notre-Dame en l'honneur de la victoire de Lens. Le peuple, qui trouvait ou croyait trouver dans le Parlement le défenseur né de ses libertés, se souleva contre le gouvernement, à la voix du trop fameux Paul de Gondi, qui était alors coadjuteur de l'archevêque de Paris et qui fut plus tard le cardinal de Retz. Ce prélat, plus tribun qu'homme d'église, et jaloux de la puissance de Mazarin, se fit le chef du parti opposé à la cour. Le lendemain de l'arrestation fut une seconde *Journée des Barricades* (V. p. 52); les prisonniers furent relâchés. La reine et bientôt après le roi quittèrent Paris sans que toutefois le soulèvement eut pris les proportions d'une véritable révolte. Paris fut bien assiégé, mais pendant ce blocus, moins étroit que celui d'Henri IV, on se renvoya plus de quolibets et d'épigrammes que de coups de canon. La paix fut enfin signée à Rueil. Les vieilles passions féodales, étouffées par Richelieu, s'étaient à leur tour rallumées, et rallumèrent avec elles le feu mal éteint de la guerre civile. Mais ces passions ne furent plus que de mesquines ambitions personnelles : on se disputa les faveurs de la cour. Le grand Condé, fier des services qu'il avait rendus à la régente et à Mazarin, montra envers eux une telle hauteur et une telle insolence qu'il fut arrêté et demeura un an en prison. Turenne, entraîné par des femmes intrigantes, dont il servit les intérêts bien plus que les siens, fit alliance avec les Espagnols, qu'il avait jusque-là combattus avec d'éclatants succès, et les amena presque aux portes de la capitale. Il fut obligé de rétrograder et alla se faire battre dans les Ardennes. Après la délivrance de Condé, tandis que celui-ci allait chercher des partisans et lever des troupes en Guyenne, Turenne fit sa soumission, devint le plus utile appui du roi, mais ne put empêcher le prince de Condé d'arriver à Paris, où régnait une affreuse anarchie. Le prince put entrer dans la ville, grâce au canon de la Bastille, que fit tirer Mlle de Montpensier et qui sauva son armée, vaincue par Turenne au faubourg Saint-Antoine. Des émeutes sanglantes, favorisées par le Parlement, eurent lieu dans Paris; l'hôtel de ville, où se tenait une assemblée royaliste, fut pris d'assaut, plusieurs députés et des magistrats furent massacrés. Cependant la désunion se glissait dans le parti des mécontents et bientôt la ville, fatiguée de lutte et de désordre, ouvrit ses portes au roi.

Louis XIV trouva cette soumission bien tardive, et il s'en souvint moins que des craintes et des périls que lui avaient causés les habitants de sa capitale. Il n'y revint que lorsque les affaires du royaume ou les grandes solennités publiques l'y appelèrent ; il fit terminer le Louvre, mais n'y séjourna point. Il bâtit le palais et la ville de Versailles, qui furent cent ans la vraie capitale de la France. Paris fut cependant témoin des excès de la régence de Philippe d'Orléans (1715-1723) et quelquefois des débauches de Louis XV. Les combinaisons financières de l'Écossais Law y excitèrent, en 1719, une fièvre de spéculation qui aboutit pour de nombreuses familles à une ruine complète.

A cette époque, une petite ville jusqu'alors oubliée avait sa petite cour, aussi brillante et aussi polie que la cour de France. En 1670, le grand Colbert se fit bâtir à Sceaux un château somptueux qu'acheta plus tard le duc du Maine, fils de Louis XIV et de Mme de Montespan. La duchesse du Maine, amie des arts et des plaisirs, réunit autour d'elle l'élite des beaux esprits. Malheureusement elle était aussi ambitieuse et entraîna son mari, pendant la Régence, à des intrigues qui tendaient à bouleverser l'État. Un an de captivité les corrigea l'un et l'autre, et Sceaux jusqu'à la mort de la duchesse, en 1753, continua d'être le théâtre des fêtes et le rendez-vous des écrivains les plus célèbres tels que Fontenelle et Voltaire. Le château fut démoli après la Révolution par un spéculateur ; il n'en est resté que le parc.

Louis XVI ne passa dans Paris que les dernières années de son règne, celles qui furent contemporaines de la Révolution. Paris fut dès lors quelque chose de plus que la capitale de la France ; tous les évènements décisifs de notre histoire vinrent s'y dérouler. C'est donc à l'étude de l'histoire nationale que doit être rattaché le récit des faits mémorables qui ont, à Paris, accompagné ou suivi la Révolution française ; nous ne devons ici rappeler que les plus importants.

La Révolution commença à Versailles, le jour où le tiers état se constitua en Assemblée nationale. C'était le 17 juin 1789. Un mois plus tard, le 14 juillet, Paris inaugurait par la prise et la destruction de la Bastille la création de sa garde nationale, dont fut aussitôt nommé général le célèbre La Fayette,

déjà populaire par ses exploits en Amérique, où il avait glo-
rieusement défendu la cause de la liberté. Bailly remplaça à
la tête de l'administration municipale, avec le titre de maire,
le prévôt des marchands, Jacques de Flesselles, massacré le
soir de la prise de la Bastille. La Commune acheva de se
constituer à la suite de l'émeute du 10 août et devint aussitôt
un véritable pouvoir politique, prêt à jouer son rôle dans les
évènements de plus en plus graves qui se préparaient.

Ancien château de Sceaux.

Les fréquents désordres qui se produisirent à Paris, à la
suite des événements de juin et de juillet, arrêtèrent le
commerce et l'industrie et occasionnèrent des disettes qui
furent elles-mêmes la source de désordres nouveaux, surtout
quand l'Assemblée fut venue siéger à Paris. Elle y suivit le
roi, une semaine après la fameuse journée du 6 octobre, où
Louis XVI et sa famille furent ramenés de Versailles dans
leur capitale par le peuple affamé, qui leur attribuait ses

malheurs. Le mois suivant se forma, dans les bâtiments du couvent des Dominicains ou Jacobins, situé près de l'ancien parloir aux bourgeois, le célèbre club ultra-révolutionnaire des Jacobins, où se préparèrent d'abord les mesures les plus hostiles à la royauté puis les énergiques luttes soutenues par Robespierre contre la Convention. Un peu plus tard furent installés, dans des monastères dont ils prirent aussi les noms, deux autres clubs, celui des Cordeliers, dont furent membres les conventionnels les plus odieux par leurs crimes, tels que Marat et Danton, et le club royaliste des Feuillants, créé par La Fayette et Bailly le 12 mai 1790.

Malgré la présence de si terribles éléments de division, l'Assemblée nationale, fière à juste titre d'avoir rapproché par de communs sacrifices la noblesse, le clergé et le tiers-état, et d'avoir détruit les abus de l'ancien régime monarchique, jugea que de la liberté et de l'égalité devant la loi naîtrait l'unité nationale et avec elle l'union de tous les citoyens ; ainsi fut instituée la fête de la Fédération, célébrée pour la première fois avec la plus grande pompe au Champ de Mars, le 14 juillet 1790, le jour anniversaire de la prise de la Bastille. Cependant l'inquiétude publique augmentait, les séditions devenaient de plus en plus fréquentes, quelques anciens fonctionnaires avaient été massacrés, l'émigration des nobles et du clergé avait commencé ; le roi lui-même, dont la conscience était sans cesse tourmentée par les décrets qu'il était obligé de sanctionner, et dont les craintes croissaient à mesure que s'affaiblissait son pouvoir, prit secrètement la fuite avec la reine et le dauphin, le 21 juin 1791, à une heure du matin, mais fut arrêté la nuit suivante à Varennes et ramené trois jours après à Paris ; ses pouvoirs furent aussitôt suspendus, et une pétition, demandant sa déchéance complète, fut la cause d'une terrible collision sur le Champ de Mars, où les pétitionnaires furent massacrés.

Les désordres ne firent que s'aggraver sous le régime de l'Assemblée Législative. L'émeute, mal comprimée et soutenue parfois par la Commune, avait levé le masque et

Prise de la Bastille.

agissait ouvertement. Le 20 juin 1792, une foule armée, protestant contre le droit de *veto* laissé au roi, envahit la salle des délibérations et de là se porta, menaçante, vers les Tuileries, qu'elle força. Le roi fut insulté par la populace et courut risque de la vie. Quelques jours après, l'arrivée d'un bataillon marseillais, appelé à Paris par le député Barbaroux, donna lieu à une collision sanglante. Le 10 août, les Tuileries furent attaquées par le peuple des faubourgs; le roi, abandonné par la garde nationale, dut quitter le palais, que défendirent courageusement les Suisses, dont la plupart furent massacrés. Alors commença la captivité de Louis XVI et de sa famille, aux Feuillants d'abord, ensuite au Temple; alors aussi commença de fait le régime de la Terreur, qui devait opprimer pendant deux ans les principales villes de la France, et Paris entre toutes. Les premiers massacres dans les prisons de Paris eurent lieu du 2 au 5 septembre; les scènes les plus effroyables se passèrent à l'Abbaye, c'est-à-dire dans l'ancien monastère de Saint-Germain-des-Prés, et aux Carmes; les évêques et les prêtres non assermentés en furent les plus illustres victimes.

La Convention, qui remplaça l'Assemblée Législative le 21 septembre 1792 et proclama le même jour la République, fut dans son propre sein trop livrée à la violence et à l'anarchie pour tenter efficacement de mettre quelque ordre dans les affaires publiques ou d'inspirer au gouvernement et aux citoyens des sentiments de modération et d'humanité. Par ses soins ou avec son assentiment furent institués le Tribunal révolutionnaire, le 11 mars 1793, et le Comité de Salut public quinze jours plus tard. Dès lors il n'y eut plus de sécurité; l'innocent aussi bien que le coupable, le pauvre aussi bien que le riche, le simple artisan aussi bien que celui qui avait été prince ou grand seigneur, eurent à trembler à chaque instant pour leur vie, car aucune garantie n'entourait les prévenus, et la peine capitale était à peu près la seule qui fût prononcée. Déjà Louis XVI, condamné par la Convention, avait porté sa tête sur l'échafaud le 21 janvier 1793;

il y fut suivi, à Paris, par trois mille Français de toutes les
conditions, dont la mort fut souvent le résultat des haines ou
des convoitises de leurs ennemis personnels. La Convention
elle-même porta son tribut à la guillotine ; ses membres,
tournant les uns contre les autres les passions dont ils étaient
animés, se proscrivaient mutuellement, et ceux qui ne con-
servaient pas assez d'influence pour rester au-dessus des atta-

Fête de la Fédération, au Champ de Mars.

ques de leurs adversaires devaient s'attendre à périr. A la
suite de l'insurrection du 31 mai 1793, les Girondins furent
les premiers proscrits, et cinq mois après vingt et un d'entre
eux étaient exécutés. Le 21 février 1794, ce fut le tour des
Hébertistes, dont quelques-uns étaient membres de la Commune, rivale et souvent maîtresse de la Convention. Cette
dernière exécution, comme la première, avait été surtout

préparée par Danton et Robespierre. De ces deux personnages, l'un, Danton, perdit bientôt le pouvoir, mais non
l'audace qui l'avait jusque-là soutenu, et fut décapité le
5 avril, avec Camille Desmoulins et plusieurs de ses anciens partisans; l'autre, après s'être vu un instant le maître
absolu de Paris et de la France, fut lui-même immolé, le
28 juillet, à la suite de la fameuse journée du 9 thermidor
(27 juillet), qui fut comme le réveil du pays et la réaction des
hommes relativement modérés contre la tyrannie et le
meurtre. La puissance de la Commune de Paris fut réduite à
de justes limites, le club des Jacobins fut fermé, et un nouveau Tribunal révolutionnaire permit du moins aux accusés de
se défendre et d'espérer toujours la justice, parfois la clé-
mence. Paris, lassé de la vue et de l'odeur du sang, commença à respirer, et put applaudir enfin aux succès merveilleux remportés par les armées de la République dans les
Pays-Bas et sur les bords du Rhin.

Paris n'avait pas seul souffert, dans le département de la
Seine, des violents orages de la Terreur. Du 6 au 8 août
1793, des hordes dévastatrices s'étaient ruées sur Saint-Denis, avaient brisé les statues et les tombeaux de nos rois et jeté
leurs cendres dans une fosse commune. Ces actes d'impiété et
de vandalisme furent renouvelés au mois d'octobre suivant,
et il ne resta plus dès lors dans l'abbaye une sépulture qui
n'eût été violée.

Cependant le régime des émeutes ne disparut pas tout à
coup après la chute des terroristes. La faction des Montagnards, se sentant battue, lança contre la Convention, le 1er
avril et le 20 mai 1795, une multitude exaspérée par la
faim; dans la seconde de ces journées, le député Féraud
paya de sa vie son courage à défendre la salle où siégeait
l'Assemblée. Le faubourg Saint-Antoine, foyer permanent de
l'insurrection, fut investi par le général Menou, et ses habitants désarmés ainsi que ceux des autres faubourgs. Le Tribunal révolutionnaire fut aboli; son principal organisateur,
l'accusateur public Fouquier-Tinville, avait porté sa tête à

l'échafaud, le 7 mai. Les royalistes, cessant d'être inquiétés, reprirent courage et songèrent même à diriger la réaction. La journée du 5 octobre 1795 fut leur ouvrage; mais la Convention, attaquée par eux, eut alors pour défenseur le général Bonaparte, qui, par quelques canons placés à propos devant l'église Saint-Roch, balaya en peu de temps les rues voisines et désorganisa les assaillants.

L'ère des collisions sanglantes était terminée pour un temps; celle des conspirations et des coups d'État ne l'était pas encore. A la Convention, le 26 octobre 1795, avait succédé le Directoire, qui se montra modéré, mais faible. Les cinq directeurs siégeaient au palais du Luxembourg; ils eurent à s'y tenir en garde contre une tentative des ultra-révolutionnaires, qui cherchèrent à soulever contre eux les troupes campées dans la plaine de Grenelle. Craignant d'autre part les manœuvres royalistes, trois d'entre les directeurs firent arrêter les deux autres et avec eux plusieurs membres des deux Assemblées, convaincus de sympathie pour la monarchie. Ce fut le coup d'État dit du 18 fructidor (4 septembre), qui sauva pour quelques mois la République, mais prépara indirectement les voies à un autre coup d'État qui la perdit. Ce dernier, le célèbre 18 brumaire (9 novembre 1799), n'eut point Paris pour théâtre; il s'accomplit à Saint-Cloud, et la capitale en vit seulement le dernier résultat, le couronnement solennel de l'empereur Napoléon Ier par le pape Pie VII, à Notre-Dame, le 2 décembre 1804.

La tranquillité de Paris ne fut guère troublée, sous le Consulat et le premier Empire, que par l'horreur que soulevèrent les tentatives dirigées contre la vie de Napoléon, surtout la célèbre machine infernale, préparée par les agents des Bourbons et qui devait éclater au passage du premier consul se rendant à l'Opéra, le soir du 24 décembre 1800. L'explosion tua ou blessa cinquante-quatre personnes, et celui qui devait en être la seule victime échappa sain et sauf. Le châtiment s'étendit au delà des coupables : Bonaparte trouva le moyen d'impliquer dans l'affaire cent trente-trois anciens jacobins, dont la présence l'inquiétait à l'égal de celle des royalistes; ces adversaires gênants furent envoyés en Guyane.

Douze ans plus tard, le 23 octobre 1812, la conspiration du général Malet faillit soulever dans Paris et dans toute la France une affreuse guerre civile. Napoléon était alors en Russie, où commençait sa désastreuse retraite; ses armées d'Espagne étaient partout vaincues ou n'obtenaient que des succès passagers; l'opinion publique se prononçait durement contre l'empereur. Malet crut venu le moment de tenter une révolution; il fit courir à Paris le bruit de la mort de Napoléon, l'annonça lui-même à divers postes de soldats, fit sortir de prison deux autres généraux qui devaient être ses principaux complices, mais fut arrêté lui-même. Sur cette fausse nouvelle, les plus crédules avaient aussitôt songé à établir un gouvernement provisoire; personne ne s'était préoccupé ni du prince impérial ni de la constitution de l'Empire. Justement inquiet de symptômes aussi fâcheux, voyant combien était précaire l'avenir de sa dynastie, Napoléon précipita son retour de Russie et arriva à Paris le 19 décembre 1812, précédant de quinze mois l'invasion qui devait, en lui enlevant sa capitale, mettre fin à son règne.

Malgré leurs défaites successives, les Alliés devancèrent Napoléon devant Paris, le 29 mars 1814. Les habitants, fatigués du régime impérial et des guerres meurtrières qui depuis plus de vingt ans épuisaient toutes les forces de la nation, étouffèrent néanmoins l'amer souvenir de leurs souffrances dans un sublime élan de patriotisme et se disposèrent à une héroïque résistance qu'ils sentirent bientôt devoir être inutile. Paris était alors, malheureusement, une ville ouverte; elle n'avait plus même son enceinte de Philippe Auguste, de Charles V et de Louis XIII, mesquinement remplacée par un simple mur d'octroi. Cette circonstance, la retraite du gouvernement sur la Loire, l'indécision du roi Joseph Bonaparte et des maréchaux Mortier et Marmont, qui n'avaient à leur disposition qu'un faible contingent de troupes, déconcertèrent les résolutions les plus énergiques. Le maréchal Moncey se mit à la tête de la garde nationale, qui fut armée à grand' peine ; des canons furent placés sur les hauteurs de Montmartre, sur les Buttes-Chaumont et à Charonne. Le combat fut engagé le 50 mars : 10,000 gardes nationaux et 20,000 hommes de troupes régulières, en tout 50,000 hommes, osèrent tenir tête à des forces cinq ou six fois supérieures. La défense se concentra sur Montmartre, Belleville, Ménilmontant et Charonne. Moncey se couvrit de gloire à la barrière de Clichy ; les élèves de l'École Polytechnique se firent hacher jusqu'au dernier à côté des canons qu'ils avaient voulu desservir devant la place du Trône ; mais les hauteurs avaient été, dès la veille, occupées par les ennemis, et, pour éviter de véritables massacres, il fallut se rendre. Quand Napoléon s'avança pour organiser une résistance sérieuse, apportant le secours de son génie et de quelques troupes, il fut arrêté, à 16 kilomètres de Paris, par la nouvelle de la capitulation, signée à six heures du soir, dans un petit cabaret de la Villette.

Le 51, les Alliés entraient dans Paris, suivis de loin par l'héritier de Louis XVI, qu'ils venaient rétablir sur son trône. L'entrée solennelle du roi eut lieu le 5 mai.

Ce fut à Paris même que fut signé, le 50 mai 1814, le traité de paix définitif entre la France vaincue d'une part, représentée alors par Louis XVIII, et la Prusse, l'Autriche, la Russie et l'Angleterre d'autre part. Déjà une convention avait livré aux Alliés la moitié de la flotte française et 55 forteresses. Le traité définitif nous enleva non seulement toutes les conquêtes de l'Empire en Italie, en Allemagne et dans les Pays-Bas, mais encore la rive gauche du Rhin, que nous devions à la République. En redevenant royaume, la France reprit ses anciennes limites de royaume ; tout ce qui y avait été ajouté depuis la chute de Louis XVI dut être rendu, excepté quelques cantons annexés aux départements des Ardennes, de la Moselle, du Bas-Rhin, de l'Ain, et une partie de la Savoie.

Un traité plus désastreux encore fut signé à Paris l'année suivante. L'impéritie du gouvernement de la Restauration avait rendu possible le retour de Napoléon, qui était rentré aux Tuileries le soir du 20 mars, et y avait inauguré la période gouvernementale appelée les Cent-Jours, à laquelle mit fin le désastre de Waterloo. Les Alliés se retrouvaient à Paris le 6 juillet, sans avoir cette fois éprouvé de résistance, et le surlendemain Louis XVIII se réinstallait aux Tuileries. Le traité ne fut signé que le 20 novembre 1815. C'était le plus humiliant que la France eût subi depuis le quinzième siècle. Les annexions de territoire qui avaient été reconnues par le traité de 1814 furent supprimées ; nous dûmes nous engager à démolir les fortifications de Huningue, à payer une indemnité de guerre de 700 millions et à entretenir 150,000 soldats étrangers dans sept de nos départements jusqu'au payement intégral de cette somme. Le même jour fut signé, entre les puissances alliées, un traité offensif et défensif contre la France.

La seconde Restauration mit fin, en deux ans, à l'occupation étrangère et parvint à relever le prestige de la France à l'extérieur ; mais ses fautes dans l'administration intérieure devaient la conduire elle-même à sa chute. Charles X, qui succéda à Louis XVIII le 16 septembre 1824, loin de s'associer dans une certaine mesure à l'immense mouvement d'idées qui s'était opéré depuis la Révolution, chercha imprudemment à en combattre les manifestations les plus légitimes et les plus modérées. La Chambre des députés refusa aux ministres son concours ; dissoute, elle fut remplacée par une assemblée non moins hostile, qui fut renvoyée à son tour. Alors parurent les fameuses Ordonnances, qui violaient la Charte jurée par Louis XVIII et la nation, et que le roi, par une présomption fatale, ne voulut pas retirer.

Le 27 juillet 1830, Paris était en feu ; la population et la garde nationale s'étaient levées en masse. Le lendemain, elles repoussaient de toutes parts les troupes royales, commandées par l'impopulaire maréchal Marmont, et qui n'étaient qu'au nombre de 20,000 hommes ; si les soldats avançaient, l'insurrection et les barricades se reformaient derrière eux. Le soir, épuisés, ils avaient abandonné leurs positions.

Le 29, grâce à la défection de quelques troupes, les révolutionnaires étaient maîtres du Louvre et des Tuileries, et le roi n'avait plus qu'à fuir. « La population ne souilla point sa victoire par le pillage. Maîtresse des établissements publics, des palais, du Trésor, elle les protégea au lieu de les dépouiller. De pauvres ouvriers montaient la garde dans les musées, aux portes des appartements royaux. Noble désintéressement qui démontrait les progrès de la moralité publique et qui a rendu ces trois journées plus glorieuses. » (*Histoire contemporaine,* par M. Ducoudray.) Le nombre des victimes de la Révolution de 1830 fut de 5,208 citoyens tués ou blessés et de 781 soldats ; une magnifique colonne en fonte fut élevée sur la place de la Bastille en l'honneur des morts.

Une Commission municipale fut établie dans Paris ; la Chambre des députés, que les Ordonnances avaient dissoute, parvint à se réunir, et le duc d'Orléans, proclamé lieutenant-général du royaume, se rendit aussitôt à l'Hôtel de Ville, accompagné d'un grand nombre de députés. Le 9 août, sur la proposition du général La Fayette, et après avoir juré fidélité à la Charte, il fut proclamé, au palais Bourbon, roi des Français.

L'année 1831 fut marquée par quelques séditions, notamment, le 14 février, par le sac de l'église Saint-Germainl'Auxerrois et la destruction de l'Archevêché, à l'occasion d'un service funèbre en l'honneur du duc de Berry. Le 5 et le 6 juin, les funérailles du général Lamarque, naguère connu dans l'armée par ses opinions libérales, fut l'occasion d'une émeute sanglante qui fut vaincue par les troupes régulières et la garde nationale elle-même ; le combat le plus meurtrier eut lieu dans le cloître Saint-Merry : cent républicains s'y laissèrent tuer plutôt que de se rendre. Les années suivantes ne furent guère plus tranquilles : les 13 et 14 avril 1834, nouvelle insurrection ; le 28 juillet 1835, attentat de Fieschi contre la personne du roi ; le 12 mai 1839, insurrection qui provoque un changement de ministère. Le 13 juillet 1842, un accident imprévu frappait le roi dans ses plus chères affections et les pays dans ses plus légitimes espérances : le duc Ferdinand d'Orléans, fils aîné de Louis-Philippe, était précipité de sa voiture dont les chevaux s'étaient emportés, et rendait le dernier soupir à Neuilly, entre les bras de ses parents.

La monarchie de Juillet, honnête, parfaitement intentionnée, mais faible et toujours hésitante, devait finir comme elle avait commencé, par l'émeute, qui éclata cette fois à l'occasion d'un banquet politique, le 22 février 1848. Le banquet annoncé n'eut pas lieu ; mais la foule, réunie à l'heure où il avait été fixé, se porta vers la Chambre des députés aux cris de *Vive la réforme !* Le lendemain, les barricades se relevèrent. Le roi céda, renvoya ses ministres jugés trop conservateurs, et la tranquillité allait se rétablir lorsque, à la rencontre d'une bande armée et d'un bataillon qui gardait le ministère des affaires étrangères, une panique se produisit. Un coup de feu, parti on ne sait d'où, provoqua une décharge générale du bataillon, et cinquante-deux personnes tombèrent tuées ou grièvement blessées. On crut à une trahison ; les cadavres, promenés dans les rues, y excitèrent la plus grande effervescence : le tocsin sonna, et cette fois les faubourgs résolurent de renverser le gouvernement. Le 24, au milieu du jour, la seconde République était fondée et le lendemain officiellement proclamée.

Le gouvernement de Louis-Philippe avait continué les embellissements de Paris ; il s'occupa également de sa sécurité : ce fut une loi votée en 1840, sur la proposition de Thiers, qui détermina la construction d'une enceinte bastionnée et d'une ligne de forts extérieurs.

La République de 1848 à 1852 fut signalée à son tour par de sanglantes journées. Les 23, 24, 25 et 26 juin, les socialistes, déchaînés par une presse furibonde, arborèrent le drapeau rouge, et la lutte fut engagée dans toute la ville. Dans ce péril extrême, le général Cavaignac, dont le noble caractère et les talents étaient à la hauteur des circonstances, fut nommé dictateur. Le foyer de la rébellion était le faubourg Saint-Antoine. L'archevêque de Paris, Mgr Affre, s'y rendit, le 25,

Le duc d'Orléans se rendant à l'Hôtel de Ville.

pour porter aux insurgés des paroles de paix et de charité. A peine avait-il prononcé quelques mots qu'il s'affaissa mortellement atteint par une balle partie d'une fenêtre. « Je désire, dit-il en expirant, que mon sang soit le dernier versé. » Ce vœu fut exaucé : la lutte fratricide touchait à sa fin, et le 26, le faubourg Saint-Antoine capitulait. Les prisons et les forts ne purent contenir les insurgés qu'on avait arrêtés; il fallut en renvoyer une partie. On en garda plus de 11,000. On saisit 100,000 fusils. Une nouvelle insurrection socialiste, dirigée par Ledru-Rollin, le 13 juin 1849, trouva à peine quelques adhérents et fut étouffée aussitôt.

Le 2 décembre 1851, le coup d'État par lequel le président de la République, Louis-Napoléon, avait dissous l'Assemblée législative et mis en état d'arrestation ceux de ses membres qui lui étaient le plus opposés, fit craindre les troubles les plus graves. Le représentant du peuple Baudin essaya, en effet, d'organiser la résistance à Paris, le 4 décembre; mais il fut tué sur une barricade de la rue Sainte-Marguerite, sans que son appel aux armes eût trouvé assez d'écho pour causer de sérieux embarras au nouveau gouvernement dictatorial. Un an, jour pour jour, après le 2 décembre 1851, le président était proclamé empereur sous le nom de Napoléon III.

Un des premiers soins de Napoléon III fut la transformation de la capitale, dont il voulut faire la plus agréable et la plus belle ville de l'Europe. De larges voies furent percées dans les quartiers les plus encombrés de vieilles rues étroites; un grand nombre de voies anciennes furent redressées et élargies, des promenades et des jardins publics créés sur tous les points où manquaient l'air et la verdure. Les monuments du moyen âge et de la Renaissance furent restaurés ou embellis. Le Louvre fut terminé, réuni aux Tuileries et complètement dégagé, le Palais de Justice doté d'une magnifique façade et de salles spacieuses. Parmi les monuments entièrement nouveaux, on doit citer le Tribunal de commerce, les églises Saint-Ambroise, Saint-Augustin, Saint-Jean-Baptiste de Belleville, Notre-Dame-de-la-Croix de Ménilmontant, la Trinité, etc.; deux grandes synagogues; des casernes monumentales; plusieurs mairies d'arrondissement; les magnifiques gares de l'Est, du Nord et d'Orléans; les Halles centrales, chef-d'œuvre de la structure en fer; plusieurs ponts, dont un, celui d'Auteuil, est une œuvre de premier ordre. En 1861, deux décrets ordonnaient la reconstruction de l'Hôtel-Dieu et de l'Opéra; ce dernier édifice, le travail d'architecture le plus important entrepris par le second Empire, était aussitôt commencé. Le promoteur le plus actif de ces transformations fut le préfet de la Seine, M. Haussmann, qui resta à la tête de l'édilité parisienne de 1853 à 1870. Le 16 juin 1859, une loi étendait jusqu'à la ceinture des fortifications les limites de l'agglomération parisienne, portait de 1,150,000 à plus de 1,600,000 âmes le chiffre de la population de la capitale, et de douze à vingt le nombre des arrondissements municipaux. Le développement des voies ferrées autour de la ville, la création du chemin de fer de Ceinture, l'affluence des ouvriers qu'attirait le développement des travaux d'art et de voirie, celle des voyageurs qu'amenait la facilité des communications et que retenaient souvent les beautés de Paris et les agréments de toute sorte qu'offrait son séjour, avaient porté au plus haut degré le progrès de la richesse publique. L'Europe tout entière put elle-même constater les heureux résultats accomplis depuis 1848: elle fut solennellement conviée aux Expositions internationales de 1855 et de 1867, qui font époque dans les annales du commerce et de l'industrie.

Tant de grandeur et de prospérité aboutirent à deux des catastrophes les plus épouvantables de notre histoire. Elles accrurent la confiance des Français en eux-mêmes et l'envie des nations étrangères, moins favorisées. Ceux de nos ennemis qui au milieu de notre force apparente avaient su le mieux découvrir nos réelles faiblesses, les Allemands, groupés sous les drapeaux de la Prusse, nous offrirent l'occasion de leur faire la guerre. Elle fut déclarée par l'empereur, le 18 juillet 1870, aux applaudissements trop bruyants d'une partie de la population parisienne. La joie publique fit place à la consternation lorsqu'on apprit à Paris, aux premiers jours du mois d'août, la défaite de ces armées hâtivement réunies et mal commandées qui devaient arriver jusqu'à Berlin et ne purent même pas sortir de nos frontières. Ce n'était plus la capitale de la Prusse qui était menacée, mais bien celle de la France. L'Empire dans ses derniers jours et le gouvernement provisoire qui le remplaça après le 4 septembre s'occupèrent de mettre Paris en état de défense et de le ravitailler ; mais il était trop tard : tout avait été préparé en vue d'une conquête, rien en cas de revers. On n'eut pas le temps de fortifier les hauteurs qui commandaient Paris au delà de la zone des forts détachés, zone reconnue trop étroite depuis les immenses progrès réalisés par l'artillerie à longue portée. Du moins, un siège devenant inévitable, on se résolut à le supporter avec une patience héroïque.

Il commença le 19 septembre, après un combat malheureux livré l'avant-veille à Créteil, et l'occupation, le jour même, du plateau de Châtillon, d'où les canons de l'ennemi firent de grands ravages. Le 23, une attaque des troupes parisiennes ne put éloigner les Prussiens des hauteurs de Villejuif; mais elle nous rendit la redoute des Hautes-Bruyères, qui avait été construite près de L'Hay, au-dessus de la vallée de la Bièvre, et qui rendit aux assiégés les plus grands services. Le général Trochu, en même temps président du gouvernement provisoire, dit de la Défense nationale, et commandant militaire de Paris, resta dans la place avec plusieurs de ses collègues ; les autres membres du gouvernement se formèrent en délégation et allèrent siéger à Tours, puis à Bordeaux, pour organiser la résistance de la province et préparer, s'il était possible, la délivrance de la capitale.

Le 13 octobre, le général Vinoy chercha à reprendre le plateau de Châtillon : un brillant combat eut lieu à Bagneux, qui fut enlevé en une demi-heure; le plateau fut occupé ; mais une vive canonnade des Prussiens en rendit le séjour impossible, et il fallut de nouveau l'abandonner. Peu de jours après, une sortie eut lieu par l'ouest, vers Bougival et la Malmai-

son; elle eût peut-être rompu la ligne d'investissement, faible
sur ce point, si les troupes d'attaque avaient été plus nombreuses : les soldats manquèrent pour garder les points occupés, et l'on n'obtint d'autre résultat que d'apprendre aux Allemands la nécessité pour eux de fortifier Versailles. Vers le

Monument élevé, à Bagneux, aux victimes de la journée du 13 octobre 1870.

nord, l'occupation du Bourget par les francs-tireurs de la
Presse, le 28 et le 29 octobre, ne fut pas plus durable : un
retour offensif des Allemands y mit fin le 30 octobre.

Cependant une sortie générale de tous les assiégés était
réclamée par la voix publique. Les hommes armés renfermés
dans Paris étaient au nombre de 3 à 400,000, dont 133,000

gardes nationaux et 80,000 hommes préposés à la garde des forts et des remparts ; parmi ces derniers se distinguaient les troupes de la marine, qui rendirent pendant le siège les services les plus signalés. Il semblait que tous ces défenseurs fussent de taille à tenir tête aux 240,000 Prussiens qui formaient l'effectif de l'armée assiégeante. On n'eut que trop de motifs d'en juger autrement. Il était indispensable de laisser une grande partie de ces forces au service de l'enceinte et des forts ; le reste avait à briser une ceinture d'investissement aussi redoutable que les remparts mêmes de la capitale, et il fallait, sous les yeux de l'ennemi, sous un feu meurtrier, transporter l'artillerie et tout le matériel nécessaire pour rétablir les ponts, coupés dès les premiers jours du siège.

La garde nationale, qui figurait pour plus d'un tiers dans le chiffre des défenseurs de Paris, ne pouvait être utilisée tout entière sans précaution ; sa fidélité au gouvernement ne paraissait pas assurée et l'on craignait de funestes défections. C'était elle qui témoignait le plus d'ardeur pour la sortie en masse et le moins d'empressement à y prendre part. Elle ne tarda pas à justifier les soupçons qui paralysaient l'énergie de la défense. Elle prit occasion du récent désastre de Metz, où la capitulation du maréchal Bazaine venait de livrer 170,000 soldats français, pour s'insurger contre le gouvernement et attaquer l'Hôtel de Ville. Les mobiles bretons délivrèrent le gouvernement, qui crut devoir fortifier sa situation par un appel aux suffrages des habitants et qui obtint un plébiscite favorable. L'insurrection eut pour double effet de diminuer la confiance des chefs en leurs soldats et d'augmenter les prétentions et les exigences de nos ennemis : à la nouvelle des troubles, ils refusèrent un armistice qu'ils étaient sur le point d'accorder et qui avait pour but le ravitaillement de la place. L'Empire n'avait pas pourvu complètement à l'approvisionnement de Paris ; les mesures prises après sa chute furent hâtives et insuffisantes. Deux mois à peine après l'investissement, à mi-novembre, l'âne et le mulet valaient 6 à 8 francs le kilogramme ; une paire de lapins se payait 40 et 50 fr., une oie 25 fr., le jambon 16 fr. le kilogramme, une carpe 20 fr., le boisseau de pommes de terre ramassées sous le feu de l'ennemi 6 fr., un chou 1 fr. 50, le beurre frais 10 fr. le kilogramme.

Ces prix augmentèrent de jour en jour dans une proportion incroyable. On mangeait des rats, des chiens, des chats. La viande et le pain durent être rationnés. Les femmes furent admirables de résignation et de dévouement. Il leur fallait, pendant que les hommes étaient aux remparts, faire queue deux ou trois heures, par la boue, la pluie et le froid, aux portes des boucheries ou des boulangeries pour obtenir l'insuffisante portion de viande ou de pain à laquelle avait droit leur famille. Le combustible manquait, et cependant l'hiver fut un des plus rigoureux du siècle : le 9 décembre, le thermomètre descendit à 24 degrés. Le gaz manquait également; le pain n'était plus mangeable; on souffrait, on mourait sans se plaindre.

Les décès qui, pendant le mois d'août, avaient été de 4,942, s'élevaient rapidement et atteignaient en novembre le chiffre de 8,258, en décembre celui de 12,885; ils devaient monter à 19,255 au mois de janvier pour une population de 2,020,000 individus, y compris 254,000 réfugiés.

L'espérance ou pour mieux dire l'illusion soutenait encore ces âmes patriotiques. La province avait assez souvent des nouvelles des assiégés au moyen des ballons lancés à divers intervalles et qui transportaient les dépêches. On en avait aussi par les journaux allemands, presque toujours bien renseignés sur ce qui se passait à l'intérieur de la place. Quelques succès partiels des armées du Nord et de la Loire laissèrent croire un instant que les troupes du dehors pourraient donner la main à celles du dedans, et, par une action commune, briser le cercle de fer qui étreignait la capitale. Une grande sortie fut décidée pour le 29 novembre; elle devait avoir lieu, sous les ordres du général Ducrot, par la vallée de la Marne, tandis que deux sorties partielles, destinées à tromper l'ennemi et à le retenir, devaient avoir lieu entre la

vallée de la Bièvre et celle de la Seine, vers Choisy et Villejuif, et en aval, du côté de Saint-Denis. La diversion sur
Choisy eut un plein succès; mais le pont sur la Marne n'ayant
pu être établi, l'expédition principale dut être ajournée au
lendemain, et les positions occupées au sud, exposées à une
canonnade très meurtrière, durent être abandonnées avant
l'action générale. Le 30 novembre, la Marne fut traversée,
à Champigny, et, pendant que le général Vinoy arrêtait quelques corps ennemis à Choisy, et que deux attaques étaient
dirigées l'une vers Épinay, l'autre vers Drancy, Ducrot
s'avançait vers Cœuilly et Villiers, occupait de bonnes positions et s'y retranchait. Les Allemands ne devaient pas l'y
laisser longtemps; le 1er décembre, ils massèrent leurs troupes et, le 2, les mirent en mouvement; comme les positions les plus avantageuses étaient restées en leur pouvoir,
malgré les pertes énormes qu'ils avaient subies, il leur fut
assez facile de repousser nos troupes, qui, le 3, à la faveur
d'un épais brouillard, effectuèrent leur retraite.

Le 21 décembre, une nouvelle tentative eut lieu sur le
Bourget. Annoncée d'avance, elle fut connue des Prussiens,
et, bien que soutenue par l'artillerie du plateau d'Avron, elle
fut repoussée. Six jours plus tard, les Prussiens démasquèrent
une batterie formidable postée à Chelles et parvinrent à
nous chasser du plateau d'Avron, dont la perte rendit désormais impraticables de nouvelles sorties vers la plaine de
Saint-Denis.

Le même jour, c'est-à-dire le 27 décembre, commença le
bombardement. Le fort de Nogent reçut à lui seul 600 obus
par jour. Dès le 5 janvier 1871, les projectiles commencèrent
à atteindre les quartiers de la rive gauche, de Grenelle au
Jardin des Plantes. Beaucoup d'habitants furent tués ou
blessés; un grand nombre passaient les nuits dans les caves.
L'indignation fut universelle et poussa au dernier degré la
haine pour les Allemands; personne alors n'aurait osé proposer
de se rendre.

Cependant les vivres, rationnés avec la dernière parcimonie, allaient manquer tout à fait: 300 grammes de pain et 30 grammes de viande de cheval devaient désormais suffire à la nourriture quotidienne d'un homme. Dans ces circonstances suprêmes, un acte de désespoir fut résolu : le 19 janvier, 90,000 hommes furent dirigés en trois colonnes sur les hauteurs de Montretout et de Buzenval, dans Seine-et-Oise. Cette sortie, vigoureusement poussée d'abord, aboutit comme les autres à une retraite désastreuse. La France y perdit un peintre plein d'avenir, Henri Regnault, qui, âgé seulement de 27 ans, était déjà un maître.

Les forts de la rive gauche, mutilés par les obus, ne pouvaient plus répondre, et leur chute était imminente. Dans les départements, la défaite du Mans mettait désormais les armées de campagne trop loin de Paris pour qu'il fût possible de songer à la délivrance. Un armistice fut conclu à Versailles, le 28 janvier; le général Vinoy, qui avait succédé à Trochu, eut la douleur de le signer. L'armistice, jugé insuffisant, fut prolongé du 19 au 28 février, mais il y fut ajouté des conditions qui exigeaient le désarmement de nos soldats et ouvraient aux Prussiens les portes de Paris. Paris fut ravitaillé avec beaucoup de peine : les chemins de fer avaient été rompus et le tiers de la France était au pouvoir de l'ennemi. Les nations étrangères s'émurent du sort des Parisiens, dont elles admiraient le courage, et vinrent à leur secours; Londres expédia à elle seule pour 2 millions de comestibles. Une terrible épreuve était encore réservée à la ville et au gouvernement: le passage des Prussiens dans la capitale. Une agression, dont les conséquences ne pouvaient être calculées, était à redouter de la part de la population, humiliée et surexcitée. On parvint à éviter un conflit ; mais, à la nouvelle de l'entrée des Prussiens, des bataillons de la garde nationale s'étaient rués sur les Champs-Élysées, avaient enlevé les canons disséminés sur tous les points de Paris et les avaient traînés vers Montmartre et sur la place des Vosges, plus encore pour s'en servir que pour les sauver; des bandes de révolutionnaires avaient pillé les dépôts de munitions et les poudres. Réduit à la plus complète impuissance, le nouveau gouvernement, présidé par Thiers et siégeant encore à Bordeaux, n'essaya même pas de réprimer ces déplorables excès. La Commune commençait : aux horreurs du siège allaient succéder, pour Paris, celles de la guerre civile.

Les émeutiers du 31 octobre avaient été vaincus, mais pardonnés. Paris libre, ils préparèrent une nouvelle insurrection, qui cette fois devait être victorieuse.

L'occasion ne pouvait être plus favorable. Ils avaient non seulement des fusils et des munitions, mais des canons, des forteresses, une armée. Un trop grand nombre de gardes nationaux avaient pendant le siège perdu l'habitude du travail. Énervés et excités tout à la fois par cette vie de paresse relative qu'ils menaient depuis trop longtemps au corps de garde, au bivouac, au cabaret, habilement pervertis par certains orateurs des clubs, ils croyaient avec sincérité défendre la République, qui n'était pas encore menacée, en obéissant aveuglément à ses pires ennemis.

Cette armée trop considérable s'était grossie, pendant et après le siège, d'une foule d'étrangers justement chassés de leurs pays et de cette tourbe de bandits, prêts à tous les attentats, qui forme la lie de la population des grandes villes. Le gouvernement, réfugié à Bordeaux, n'avait pas encore pu réunir les forces suffisantes pour réprimer avec succès les désordres intolérables dont la garde nationale se rendait chaque jour coupable. Effrayés de l'avenir qui se préparait, désireux de prendre ou de faire prendre à leur famille un repos bien nécessaire, les gens paisibles que ne retenaient pas leurs fonctions ou leurs affaires s'enfuyaient en masse. Enfin, les soldats de la division Faron, la seule que l'armistice eût laissée au gouvernement, ne paraissaient pas devoir offrir, en cas d'insurrection, toute la solidité désirable.

Le Comité central de la garde nationale, composé des éléments les plus détestables, ne perdit donc pas une minute pour profiter de l'occasion unique qui s'offrait à lui de s'emparer du pouvoir. Soit qu'elle ne sût pas la vérité, soit qu'elle refusât de la comprendre, l'Assemblée nationale manifestait contre Paris des méfiances perfidement exploitées contre elle-même, et un général trop connu par ses opinions royalistes était appelé au commandement de la garde nationale.

L'Assemblée nationale devait venir siéger à Versailles le 20 mars. Le gouvernement résolut de mettre un terme à cette situation, dont la gravité augmentait d'heure en heure. Il ordonna l'enlèvement des 500 pièces d'artillerie qui avaient été entassées sur la place Saint-Pierre, à mi-côte de la butte Montmartre, sur les Buttes-Chaumont et à Belleville. Le général Faron devait, avec une partie de sa division, se porter sur Belleville; la brigade La Mariouse était chargée d'occuper les Buttes-Chaumont; la division Susbielle devait s'emparer de Montmartre, tandis que les brigades Paturel et Lecomte tourneraient la butte par l'avenue Saint-Ouen et le boulevard Ornano. Le 18 mars, à 7 heures du matin, les colonnes d'attaque étaient maîtresses des positions indiquées; le succès paraissait assuré; on commençait à atteler les canons, lorsque la population, réveillée par la générale, se répandit dans les rues et sur les places; la garde nationale prit les armes, et bientôt la troupe, qui se croyait victorieuse, était cernée sur la butte qu'elle occupait, par une foule immense, à laquelle s'étaient mêlés de nombreux bataillons de la garde nationale.

Le général Lecomte, chargé de garder la place Saint-Pierre, fit des efforts énergiques pour se dégager; mais le 88ᵉ de ligne l'ayant abandonné, il se trouva prisonnier des insurgés, qui le traînèrent au Château-Rouge.

Il était midi. L'insurrection triomphante s'organisait sur tous les points de Paris, et ses chefs, inconnus jusqu'à ce jour, s'établissaient à l'Hôtel de Ville, à l'État-major de la place Vendôme et dans les administrations publiques.

Dans l'après-midi du même jour, les généraux Lecomte et Thomas (ce dernier, un des plus honnêtes et des plus dévoués défenseurs de la République, avait été arrêté par la populace, bien qu'il fût sans armes) étaient, après un simulacre de jugement, fusillés dans le jardin d'une petite maison de la rue des Rosiers, ancien n° 61, aujourd'hui rue de la Fontenelle.

Le président Thiers, comprenant la gravité de la situation et se préoccupant surtout de la sécurité de l'Assemblée, à laquelle il avait pour ainsi dire fait violence en l'amenant de Bordeaux à Versailles, donna l'ordre aux troupes et à toutes les administrations publiques de sortir de Paris et de se rendre à Versailles. Cette injonction, heureusement, ne fut pas universellement obéie, et plusieurs employés restèrent dans leurs administrations, où ils rendirent à la cause de l'ordre les plus précieux services.

Laisser l'émeute livrée à elle-même, c'était hâter sa désorganisation, et porter le siège du gouvernement hors de Paris, c'était faciliter la création de l'armée à laquelle allait échoir la tâche douloureuse et difficile d'arracher aux factieux la capitale de la France.

Maîtresse de Paris, l'insurrection sembla étonnée de la facilité avec laquelle elle avait triomphé. Dans la première ivresse de son succès, elle n'agit pas. Plus occupée à asseoir son autorité dans Paris qu'à attaquer Versailles, après avoir pris possession de tous les forts du sud et de celui de Vincennes, abandonnés par le gouvernement, elle oublia de s'emparer du Mont-Valérien, qui était resté un instant dégarni de troupes, et lorsque, dans la soirée du 20 au 21, les gardes nationaux demandèrent qu'on leur ouvrît la porte de la forteresse, ils la trouvèrent occupée.

Après s'être tant bien que mal organisée à Paris et avoir lancé ses premiers décrets, la Commune songea à marcher sur Versailles, dont elle espérait s'emparer par un simple coup de main. Le 2 avril, ses soldats purent à peine dépasser le pont de Neuilly. Le 3, ils se portèrent en force sur Meudon et Châtillon; cette sortie fut encore plus malheureuse : ils y perdirent deux de leurs généraux, Flourens, qui fut tué dans une maison de Nanterre, et Duval, qui fut pris avec 1,500 autres prisonniers et aussitôt fusillé.

Mais chacun des succès de l'armée de Versailles était le signal de nouvelles vexations et l'annonce de nouveaux dangers. De paisibles citoyens, qui avaient été arrêtés pour les motifs les plus futiles, furent déclarés otages de la Commune et voués à la mort. Lorsque, après la prise des forts de la rive gauche, les troupes du gouvernement pénétrèrent enfin dans Paris, le 21 mai, ce fut contre ces otages que les insurgés tournèrent leur fureur. Les soldats de Versailles savaient ce qui se passait et hâtaient leur marche pour sauver ces malheureuses victimes. Il n'en échappa qu'une partie : douze religieux dominicains furent tués dans l'avenue d'Italie ; l'archevêque de Paris fut, avec quelques prêtres et le sénateur Bonjean, fusillé à la Roquette ; il restait encore dans cette prison plusieurs autres prêtres et d'anciens gardes de Paris, qui furent conduits à la rue Haxo et aussitôt passés par les armes. Avec le massacre, l'incendie. L'Hôtel de Ville, le Palais de Justice, les Tuileries, le Ministère des finances et celui des Affaires étrangères, le Conseil d'État, furent livrés aux flammes. Le 28 seulement, l'occupation totale de Paris par l'armée de l'ordre parvint à arrêter les ravages du feu ; mais les pertes étaient déjà incalculables. Ce fut aux abords du Père-Lachaise et de la Roquette que se concentrèrent les derniers efforts de la Commune expirante. A 3 heures, l'insurrection était vaincue, et, le lendemain, 29 mai, le fort de Vincennes, son dernier asile, se rendait sans résistance.

La répression fut impitoyable. Tous les insurgés pris les armes à la main furent immédiatement fusillés ; plusieurs citoyens, suspects d'avoir porté les armes contre la République, n'obtinrent pas grâce, et quelques personnes inoffensives, qui ne purent se défendre ou établir leur identité, périrent avec les coupables. Les cours martiales, en permanence, prononcèrent plusieurs milliers de condamnations soit à la peine capitale, soit aux travaux forcés, soit à la déportation ou au bannissement ; la délivrance de Paris était chèrement payée.

Paris fut lui-même puni par l'Assemblée nationale comme

il l'avait été plus de deux siècles auparavant par Louis XIV :
le gouvernement se sépara de lui et siégea officiellement à
Versailles, jusqu'à ce qu'il fût permis de compter sur l'apai-
sement des passions politiques. On put croire un instant que
Paris, en partie détruit, décimé dans sa population, et
dépouillé à moitié des prérogatives de capitale, inclinait vers
la décadence et ne se relèverait jamais des coups terribles
que lui avaient portés le siège de 1870 et la Commune de
1871 ; déjà des prophètes audacieux annonçaient sa chute
prochaine. Mais quatre-vingts ans de centralisation avaient
fait de lui comme l'indispensable nœud de l'unité nationale ;
grâce aux mœurs nées de la Révolution, il était, nonobs-
tant toutes dispositions administratives, devenu en quelque
sorte l'âme, la vie de la France. Or la France n'était pas
morte en 1871 ; elle guérit rapidement de ses blessures, et sa
capitale devait porter la première les traces de ce retour à la
santé et à la vigueur des meilleurs jours. Les travaux de construction recommencèrent avec une ampleur que le second
Empire n'avait pas dépassée ; les voyageurs et les étrangers
affluèrent, conduits d'abord par le désir de voir le théâtre de
tant de combats héroïques et de fureurs jusqu'alors inconnues
de l'histoire, attirés ensuite comme autrefois par la curiosité
et le plaisir ; avec la confiance progressèrent de nouveau le
commerce et l'industrie. L'Exposition universelle de 1878,
plus brillante encore que les précédentes, prouva que Paris
avait repris son rang non seulement en France, mais dans le
monde. L'année suivante, les Chambres consacraient ces
résultats de huit années de paix en ramenant elles-mêmes
le gouvernement dans le siège traditionnel ; et elles s'effor-
çaient aussitôt d'effacer les dernières traces de nos discordes
civiles en décrétant l'amnistie pour les membres ou les soldats de la Commune qui étaient encore dans nos colonies
pénitentiaires ou à l'étranger. Ainsi Paris a justifié une
fois de plus la devise gravée sur son écusson, au-dessus du
navire qui forme ses armoiries : *Fluctuat nec mergitur*,
« souvent ballotté, jamais englouti. »

VII.— Personnages célèbres [1].

Le nombre des hommes remarquables qui sont nés à Paris ou aux environs, particulièrement dans les temps modernes, est trop considérable pour qu'il soit possible de les nommer tous; nous nous bornerons à rappeler ceux qui sont le plus connus.

1° *Rois et princes.* — CHARLES V (1337-1380), né à Vincennes, roi en 1364. — Son fils puîné, LOUIS D'ORLÉANS, prince ambitieux et habile, qui construisit le fameux château de Pierrefonds, restaura celui non moins fameux de Coucy, et fut assassiné par Jean Sans-Peur en 1407. — CHARLES VII (1403-1461), roi en 1422. — LOUIS-PHILIPPE (1773-1850), roi de 1830 à 1848, entre deux révolutions. — NAPOLÉON III (1808-1873), empereur de 1852 à 1870.

2° *Personnages politiques, administrateurs.* — ÉTIENNE BOILEAU, prévôt de Paris sous saint Louis (*V.* p. 42), auteur des règlements des corporations connus sous le titre de *Livre des métiers.* — ÉTIENNE MARCEL, prévôt de Paris, voulut imposer à Charles V, alors régent, un gouvernement constitutionnel, et fut tué en 1358, au moment où, pour soutenir la révolution qu'il avait commencée, il ouvrait les portes de Paris à son allié le roi de Navarre. — Le cardinal DE RICHELIEU (1585-1642), ministre de Louis XIII, un des plus grands hommes d'État qu'ait possédés la France. — FOUQUET (1615-1680), ministre des finances au commencement du règne de Louis XIV, célèbre par son amour pour les arts, ses prodigalités et sa disgrâce. — LOUVOIS (1639-1691), ministre de la guerre sous Louis XIV. — TURGOT (1727-1781), qui, après s'être signalé comme intendant du Limousin, dont il avait merveilleusement développé la prospérité, fut appelé au ministère des finances et aurait prévenu

1. Les personnages dont le lieu de naissance n'est pas indiqué ont vu le jour dans la ville même de Paris.

la Révolution de 1789 si les sages réformes qu'il proposa au roi Louis XVI avaient été adoptées. — GASTON CAMUS (1740-1804), érudit, plus connu par le rôle important qu'il joua aux États généraux de 1789 et plus tard à la Convention. — BAILLY, astronome (1736-1793), prit une grande part, comme maire de Paris, aux évènements de la Révolution française et mourut sur l'échafaud. — Mᵐᵉ ROLAND (1754-1793) fut activement mêlée aux luttes soutenues par les Girondins contre les Montagnards de la Convention ; comme les Girondins, elle fut condamnée à mort. — TALLEYRAND (1754-1838), célèbre ministre de Napoléon Iᵉʳ puis de Louis XVIII, joua un grand rôle aux États généraux comme évêque d'Autun et comme agent principal du clergé, abandonna plus tard les fonctions ecclésiastiques et eut la plus grande part à la chute de Napoléon et au rétablissement de la royauté. — EUGÈNE CAVAIGNAC (1802-1857), un des hommes d'État les plus intègres de son époque, chef du pouvoir exécutif en 1848. — LEDRU-ROLLIN (1807-1874).

3° *Magistrats, jurisconsultes.* — ACHILLE DE HARLAY (1536-1619), président du Parlement, s'opposa courageusement aux excès de la Ligue et se signala par son intégrité. — MATHIEU MOLÉ (1584-1656), président du Parlement, s'illustra durant la Fronde par sa fermeté à l'égard des deux partis. — PIERRE SÉGUIER (1588-1672), chancelier de France, joua un rôle peu honorable dans plusieurs circonstances politiques, notamment dans le procès de Fouquet, mais fut toute sa vie le protecteur des lettres. — LAMOIGNON (1616-1677), célèbre comme jurisconsulte et comme protecteur des lettres.   MALESHERBES (1721-1794), célèbre aussi comme protecteur des lettres et surtout comme défenseur de Louis XVI, accusé par la Convention.

4° *Hommes de guerre.* — LOUIS II DE CONDÉ, dit le *grand Condé* (1621-1686), le vainqueur de Rocroi, de Nordlingen et de Lens. — Le maréchal DE LUXEMBOURG (1628-1695), le vainqueur de Fleurus, de Steinkerque et de Nerwinde. — Le prince EUGÈNE DE SAVOIE (1663-1736), qui, voyant ses

services refusés par Louis XIV, les offrit aux ennemis de la
France, au profit desquels il remporta sur sa patrie de brillants mais peu honorables succès. — CATINAT (1637-1712),
le vainqueur de Staffarde et de la Marsaille, surnommé par
ses soldats le *Père de la Pensée*, à cause de l'honnêteté et
de la sagesse de son caractère. — Le duc DE VENDÔME (1654-
1712). le vainqueur de Villaviciosa. — Le maréchal AUGEREAU, duc DE CASTIGLIONE (1757-1816), se couvrit de gloire à
la campagne d'Italie en 1796, et à celle d'Autriche et de
Prusse en 1805 et 1806.

5° Saints, personnages ecclésiastiques, théologiens. —
SAINTE GENEVIÈVE, patronne de Paris, née à Nanterre vers
420, défendit, suivant la tradition, Lutèce contre Attila
puis contre Clovis, contribua par ses avis à la conversion de
ce prince et exerça sur lui une grande influence; elle mourut
en 512. — OLIER (1608-1657), fondateur de la congrégation
de Saint-Sulpice. — ANTOINE ARNAULD, dit le *grand Arnauld*
(1612-1694), écrivain janséniste de Port-Royal. — L'abbé
DE RANCÉ (1626-1700), réformateur de l'institut monastique
de Cîteaux, qui devint l'ordre de la Trappe, voué à l'agriculture. — JEAN DE SANTEUIL (1650-1697), poëte latin.

6° *Philosophes, économistes, philanthropes.* — MALEBRANCHE (1658-1715). — HELVÉTIUS (1715-1771). — D'ALEMBERT (1717-1775), géomètre, philosophe et littérateur,
un des fondateurs de la grande *Encyclopédie.* — MONTHYON
(1755-1820), fondateur des prix de vertu. — VICTOR COUSIN
(1792-1867).

7° *Médecins.* — FAGON (1638-1718). — JEAN-LOUIS PETIT
(1674-1750), chirurgien. — JEAN-NOEL HALLÉ (1754-1822).
— AMBROISE TARDIEU (1818-1879). — AUGUSTE NÉLATON
(1807-1873), chirurgien.

8° *Mathématiciens, physiciens, astronomes.* — CASSINI DE
THURY (1714-1784), astronome et cartographe, exécuta la
célèbre carte de France qui porte son nom. — LAVOISIER,
le plus grand chimiste des temps modernes, né en 1743,
mort sur l'échafaud en 1794. — FOURCROY (1755-1809),

chimiste. — Lacroix, géomètre (1765-1843). — Biot, physicien (1774-1862). — Foucault, physicien (1819-1868).

9° *Voyageurs, géographes.* — La Condamine, voyageur et cosmographe (1701-1774). — Bougainville (1729-1814), navigateur, fut le premier Français qui exécuta (1766-1769), un voyage autour du monde.

10° *Historiens, érudits, archéologues.* — Robert Estienne (1503-1559) et son fils Henri (1528-1598), célèbres imprimeurs et savants. — Jacques-Auguste de Thou (1553-1617), historien et homme d'État.'— Le P. Anselme (1625-1694), généalogiste. — Pétis de la Croix (1653-1713), orientaliste. — Nicolas Fréret, historien (1688-1749), le premier qui ait entrevu nos véritables origines nationales. — Le comte de Caylus (1692-1765), archéologue. — D'Anville (1697-1782), auteur d'ouvrages très remarquables sur la géographie ancienne. — L'abbé Anquetil (1723-1806), historien, et son frère Anquetil-Duperron (1731-1805), orientaliste, le premier révélateur de l'antiquité persique. — Millin (1759-1818), archéologue. — Alexandre Lenoir (1761-1839) sauva, pendant la Révolution, un grand nombre de nos antiquités nationales, qu'il réunit dans un musée et restitua pendant la Restauration. — Quatremère de Quincy, archéologue (1755-1849). — Letronne (1787-1848), archéologue. — Quatremère (1782-1857), orientaliste. — Eugène Burnouf, orientaliste (1801-1852). — Charles Lenormant (1802-1859) et son fils François, né en 1837, archéologues. — Le duc de Luynes (1802-1867), antiquaire, publia ou fit publier à ses frais un grand nombre de beaux ouvrages et encouragea les savants. — Ludovic Vitet, archéologue et écrivain (1802-1873). — Le vicomte de Rougé (1811-1872), égyptologue. — De Saulcy (1807-1880), orientaliste et numismate. — Louis Quicherat, linguiste, né en 1799, et son frère Jules Quicherat, archéologue et paléographe, né en 1814. — Les chefs de la famille Didot, imprimeurs et érudits, de 1720 environ jusqu'à nos jours.

11° *Grammairiens, littérateurs, poëtes, auteurs drama-*

tiques. — JODELLE, le plus ancien poëte tragique français (1532-1573). — SCARRON (1610-1660), poëte satirique. — MOLIÈRE (1622-1673), le premier de nos poëtes comiques. —

Molière.

LEMAISTRE DE SACY (1613-1684), écrivain janséniste. — Mme DES HOULIÈRES (1638-1694), poëte.— Mme DE SÉVIGNÉ (1626-1696), immortalisée par ses lettres. — LANCELOT (1615-1695), grammairien. — Boileau (1636-1711), né à Paris selon les uns, à Crosne (Seine-et-Oise) selon les autres. — Quinault (1635-1688), auteur dramatique. — La Bruyère (1645-1696), auteur du célèbre livre des *Caractères*. — Charles Perrault (1628-1703), auteur de *Contes* charmants. — Regnard, poëte comique (1635-1709). — Rollin (1661-1741), auteur d'ouvrages didactiques. — Jean-Baptiste Rousseau (1671-1741), auteur d'*O es* et d'*Épigrammes*. — Marivaux (1688-1763),

Temple élevé à la mémoire de Molière, à Auteuil.

romancier et auteur dramatique. — Voltaire (François Arouet de), écrivain, poëte, auteur dramatique, philosophe, le personnage qui eut le plus d'influence sur la marche des idées au dix-huitième siècle, né en 1694 à Paris suivant les uns, à Châtenay selon le plus grand nombre, mort à Paris en 1778. — Favart (1710-1792), auteur dramatique. — Sedaine (1749-1797), auteur dramatique. — Beaumarchais (1732-1799), auteur dramatique. — Laharpe (1739-1803), critique. —

Mᵐᵉ DE STAEL (1766-1817). — BÉRANGER (1780-1857), chansonnier célèbre. — EUGÈNE SUE (1804-1857), romancier. — ALFRED DE MUSSET (1810-1857), un de nos plus grands poëtes. — SCRIBE (1791-1861). auteur dramatique. — VILLE-MAIN (1790-1870). — MÉRIMÉE (1805-1870). — MICHELET

Statue de Voltaire. par Houdon, au Théâtre-Français.

(1798-1874), littérateur et historien. — Mᵐᵉ GEORGE SAND (1804-1876), auteur de romans célèbres. — ÉMILE LITTRÉ (1801-1881), philologue. — ALEXANDRE DUMAS fils, auteur dramatique, né en 1824. — VICTORIEN SARDOU, né en 1831, auteur dramatique.

12° *Orateur*. — BERRYER (1790-1868).

13° *Peintres et dessinateurs*. — FRÉMINET (1567-1619). — SIMON VOUET (1590-1649). — LA HYRE (1606-1656). — EUSTACHE LESUEUR, un des trois ou quatre plus grands peintres français (1616-1655). — CHARLES LEBRUN (1619-1690), le peintre préféré de Louis XIV, qui le chargea de peindre le palais de Versailles. — NOEL COYPEL (1628-1707), son fils ANTOINE (1661-1722) et son petit-fils CHARLES-ANTOINE (1694-1752). — BON BOULLONGNE (1649-1717) et son frère LOUIS (1652-1735). — DANIEL HALLÉ, mort en 1674, et son fils CLAUDE-GUY (1652-1736). — LARGILLIÈRE (1656-1746). — LEMOINE (1688-1737). — LANCRET (1690-1743). — NATTIER (1685-1766). — BOUCHER (1703-1770). — LAGRENÉE (1725-1805). — DOYEN (1726-1806). — Louis DAVID (1748-1825), le plus grand peintre du commencement de ce siècle. — GROS (1771-1835). — GÉRICAULT (1794-1824). — ÉLISABETH VIGÉE, dame LEBRUN (1755-1842). — CHARLET (1792-1845), peintre et dessinateur. — PAUL DELAROCHE (1797-1856). — HORACE VERNET (1789-1863). — EUGÈNE DELACROIX (1799-1864), né à Saint-Maurice. — GAVARNI (1801-1866), dessinateur et caricaturiste. — HENRI REGNAULT, né en 1843, tué au combat de Buzenval, le 19 janvier 1871. — COROT (1796-1875), paysagiste. — CHAM (1819-1879), dessinateur et caricaturiste. — LÉON COGNIET (1794-1880).

14° *Sculpteurs*. — JEAN GOUJON (1515-1572), le plus célèbre des sculpteurs français, victime, à ce que l'on croit, du massacre de la Saint-Barthélemy. — Les deux GUILLAUME COUSTOU, père et fils (1677-1756 et 1716-1777). — JEAN-LOUIS LEMOYNE (1665-1755) et son fils JEAN-BAPTISTE (1704-1778). — PIGALLE (1714-1785). — CARTELLIER (1757-1831), un des chefs de l'école de sculpture actuelle.— ÉTEX, né en 1808.

15° *Architectes*. — PIERRE LESCOT (1510-1578). — JACQUES ANDROUET DU CERCEAU (1515-1584), architecte et auteur d'ouvrages d'architecture. — FRANÇOIS MANSART (1598-1666), donna les plans du Val-de-Grâce et de la Banque de France. — CLAUDE PERRAULT (1613-1688), auteur de la colonnade du

Louvre et de l'Observatoire. — Le Nôtre (1613-1700), plus connu comme dessinateur de jardins. — Hardouin Mansart (1646-1708), construisit les châteaux de Versailles, de Trianon, la place des Victoires, la place Vendôme et la coupole des Invalides. — Gabriel (1710-1782). — Louis (1755-1810). — Duban (1797-1870). — Labrouste (1799-1875). — Viollet-le-Duc (1814-1879), également connu comme érudit, écrivain, et surtout comme dessinateur. — Charles Garnier, né en 1825, architecte de l'Opéra.

16° *Musiciens*. — Halévy (1799-1862). — Gounod, né en 1818.

17° *Acteurs*. — Talma (1763-1826). — Mlle Mars (1779-1847). — Mme Malibran (1808-1836). — Virginie Déjazet (1798-1875).

VIII.—Population, langue, cultes, instruction publique.

La *population* de la Seine s'élève, d'après le recensement de 1876, à 2,410,849 habitants (1,194,939 du sexe masculin, 1,215,910 du sexe féminin). A ce point de vue, c'est le premier des départements français. Le chiffre des habitants divisé par celui des hectares donne environ 3,055 habitants par 100 hectares ou par kilomètre carré. C'est ce qu'on appelle la *population spécifique*. Sous ce rapport, la Seine occupe aussi, et de beaucoup, le premier rang, puisque la moyenne de la France n'est que de 70 habitants par kilomètre carré. Paris est la deuxième ville du monde par la population (1,988,806 âmes) ; Londres seule est plus peuplée. Paris compte 255 habitants par hectare.

Depuis 1800, date du premier recensement officiel (Paris avait alors 550,000 habitants), la Seine a gagné 1,779,264 habitants ; Paris seul a augmenté de 1,441,150 individus.

Le nombre des *naissances* dans le département a été, en 1879, de 68,029 (plus 4,862 mort-nés) ; celui des *décès*, de 65,517 ; celui des *mariages*, de 22,581. En 1879, il y a eu dans Paris, 56,529 naissances (plus 4,277 mort-nés).

51,095 décès et 18,906 mariages. On compte à Paris 36,15 habitants pour une naissance et 40,5 pour un décès. La moyenne de la France entière est de 38 habitants pour une naissance et de 44 pour un décès : il y a donc un peu plus de naissances et de décès à Paris que dans le reste de notre pays.

La *vie moyenne* dans le département est de 28 ans 8 mois.

La *langue* française est parlée par toute la population d'origine parisienne, avec un accent et un grasseyement plus ou moins accentués. Mais à Paris, tous les idiomes ou patois de la France, toutes les langues ont droit de cité; c'est la ville polyglotte par excellence. Les Français émigrés de province et plus de 100,000 étrangers y parlent entre eux leur idiome de préférence, et un nombre considérable de Parisiens, — savants, littérateurs, négociants, employés, militaires, — y comprennent les diverses langues dont la connaissance leur est indispensable pour leurs études et leurs affaires.

L'immense majorité de la population est catholique. Il existe dans la Seine environ 50,000 protestants et 20,000 Israélites. Le culte catholique compte à Paris 68 paroisses, dont 31 cures et 37 succursales; le rite arménien catholique, une chapelle; les protestants de la Confession d'Augsbourg, 10 églises ou oratoires; les Calvinistes, 10 temples; les protestants anglais, 8 églises ou chapelles; l'Église réformée libre, 8 oratoires; l'Église méthodiste, 3 oratoires; les Israélites (consistoire central et consistoire de Paris), 3 synagogues; les Israélites portugais, 1 temple; le rite grec, une église (l'église russe) et 2 chapelles.

A la tête des grandes institutions destinées à la divulgation, au perfectionnement des lettres, des sciences et des arts, est l'*Institut de France*, divisé en cinq classes ou cinq académies, dont les membres sont choisis à l'élection parmi les hommes les plus distingués par leurs connaissances, leurs publications, leurs travaux, leurs découvertes.

L'*enseignement supérieur* et l'*enseignement secondaire* comprennent à Paris des Facultés des sciences, des lettres, de droit, de médecine, de théologie catholique, une école supérieure de pharmacie, le Collège de France, l'École Normale supérieure destinée à former des professeurs pour l'Université, 6 lycées, 2 collèges, 143 institutions privées pour les garçons.

A l'*instruction primaire* sont affectés le collège Chaptal, les écoles municipales supérieure Turgot, Colbert, Lavoisier, Jean-Baptiste Say, Arago, l'école supérieure du Commerce, une école primaire supérieure de filles, l'école Normale des salles d'asile, etc.

Les *écoles spéciales* sont l'École des Chartes, l'École des Langues orientales, le grand séminaire de Saint-Sulpice (avec succursale à Issy), les Écoles Polytechnique, des Mines, des Ponts-et-Chaussées, Militaire supérieure, d'Application du Génie maritime, d'Hydrographie, d'Application de Médecine et de Pharmacie militaires (au Val-de-Grâce), d'Application des Tabacs (à la manufacture du Gros-Caillou), des Beaux-Arts. Conservatoires de Musique et de Déclamation, des Arts et Métiers, École centrale des Arts et Manufactures, Muséum d'histoire naturelle, Observatoire et Bureau des longitudes, institutions des Sourds-Muets et des Jeunes-Aveugles.

Les *lycées* Louis-le-Grand, Henri IV, Saint-Louis, Fontanes, Charlemagne et de Vanves ont compté, en 1880, 6,582 élèves; le *collège* (communal) *Rollin*, 987; 143 *institutions secondaires libres*, 15,691; 1,811 *écoles primaires*, 264,014; 269 *salles d'asile*, 66,211 enfants; 592 *cours d'adultes*, 46,526 auditeurs.

Les opérations de l'année 1880 ont donné, quant au degré d'instruction des 16,721 jeunes conscrits, de la classe de 1879, les résultats suivants:

Ne sachant ni lire ni écrire.	855
Sachant lire seulement	545
Sachant lire et écrire	880
Ayant une instruction primaire plus développée.	15,034
Ayant obtenu le diplôme ou le brevet institués	
par la loi du 21 juin 1865	122
Bacheliers.	672
Dont on n'a pu vérifier l'instruction	217

Sur 445 accusés de crime, en 1880, on a compté :

Accusés ne sachant ni lire ni écrire. 11
— sachant lire et écrire 410
— ayant reçu une instruction supérieure. . 24

IX. — Divisions administratives.

Le département de la Seine forme le diocèse de Paris (archevêché). Son territoire est partagé entre 4 corps d'armée : les 2ᵐᵉ, 3ᵉ, 4ᵉ et 5ᵉ. — Il ressortit : à la Cour d'appel de Paris ; — à l'Académie de Paris ; — à la 1ʳᵉ légion de gendarmerie (Paris) ; — à la 1ʳᵉ inspection des ponts et chaussées ; — à la 1ʳᵉ conservation des forêts (Paris) ; — à l'arrondissement minéralogique de Paris (division du Nord-Ouest) ; — à la 2ᵉ région agricole (Nord). — Il comprend trois arrondissements (Paris, Saint-Denis, Sceaux), 28 cantons, 72 communes.

Paris, capitale de la France, est le siège du gouvernement. C'est à Paris que sont les ministères, les grandes administrations, la Cour de cassation, tribunal suprême dont les décisions sont sans appel ; la Cour des comptes, qui contrôle les recettes et les dépenses publiques, ainsi que la gestion des fonctionnaires chargés des finances de l'État.

Paris est divisé en 20 arrondissements municipaux, administrés chacun par un maire et trois adjoints. Chaque arrondissement comprend quatre quartiers, qui élisent chacun un conseiller municipal.

Chef-lieu du département : PARIS.
Chefs-lieux d'arrondissement : PARIS, SAINT-DENIS, SCEAUX.

Arrondissement de Paris, subdivisé en 20 arrondissements municipaux : population totale, 1,988.800 habitants ; superficie, 7,802 hectares.
Premier arrondissement, 71,898 h., 190 hect.
Deuxième arrondissement, 77,768 h., 9,750 hect.
Troisième arrondissement, 90,797 h., 116 hect.
Quatrième arrondissement, 98,295 h., 15,650 hect.

Cinquième arrondissement, 104,573 h., 249 hect.

Sixième arrondissement, 97,631 h., 211 hect.

Septième arrondissement, 85,672 h., 405 hect.

Huitième arrondissement, 85,993 h., 381 hect.

Neuvième arrondissement, 115,689 h., 215 hect.

Dixième arrondissement, 142,964 h., 286 hect.

Onzième arrondissement, 182.287 h., 561 hect.

Douzième arrondissement, 95,557 h., 568 hect.

Treizième arrondissement, 72,205 h., 625 hect.

Quatorzième arrondissement, 75.427 h., 464 hect.

Quinzième arrondissement, 78.579 h., 721 hect.

Seizième arrondissement, 51,299 h., 709 hect.

Dix-septième arrondissement, 116,682 h., 445 hect.

Dix-huitième arrondissement, 153,284 h., 519 hect.

Dix-neuvième arrondissement, 98.567 h., 566 hect.

Vingtième arrondissement, 100,083 h., 521 hect.

Arrondissement de Saint-Denis (4 cant., 51 com., 257,852 h., 12,636 hect.).

Canton de Courbevoie (7 com., 51,850 h., 5,058 hect.).— Asnières — Colombes — Courbevoie — Gennevilliers — Nanterre — Puteaux — Suresnes.

Canton de Neuilly (4 com., 82,455 h., 1,987 hect.). — Boulogne — Clichy — Levallois-Perret — Neuilly.

Canton de Pantin (10 com., 55,395 h., 4.362 hect.). — Bagnolet — Bobigny — Bondy — Bourget (Le) — Drancy — Lilas (Les) — Noisy-le-Sec — Pantin — Pré-Saint-Gervais (Le) — Romainville.

Canton de Saint-Denis (10 com., 68,172 h., 1249 hect.). — Aubervilliers — Courneuve (La) — Dugny — Épinay — Ile-Saint-Denis (L') — Pierrefitte — Saint-Denis — Saint-Ouen — Stains — Villetaneuse.

Arrondissement de Sceaux (4 cant., 40 com., 184,191 h., 21,450 hect.).

Canton de Charenton (10 com., 47,068 h., 6,766 hect.).— Bonneuil — Bry-sur-Marne — Champigny — Charenton-le-Pont — Créteil — Joinville-le-Pont — Maisons-Alfort — Nogent-sur-Marne — Saint-Maur — Saint-Maurice.

Canton de Sceaux (12 com., 42,656 h., 5.245 hect.). — Antony — Bagneux — Bourg-la-Reine — Châtenay — Châtillon — Clamart — Fontenay-aux-Roses — Issy — Montrouge — Plessis-Piquet — Sceaux — Vanves.

Canton de Villejuif (12 com., 47,457 h., 6.551 hect.). — Arcueil — Chevilly — Choisy-le-Roi — Fresnes — Gentilly — Hay (L') — Ivry — Orly — Rungis — Thiais — Villejuif — Vitry.

Canton de Vincennes (6 com., 47,050 h., 5.070 hect.). — Fontenay-sous-Bois — Montreuil — Rosny — Saint-Mandé — Villemomble — Vincennes.

X. — Agriculture; productions.

Les 47,875 hectares qui forment la superficie totale du départemen
sont ainsi répartis :

Céréales (froment, seigle, orge, avoine) . .	9,046	hectares
Farineux (pommes de terre)	4,306	—
Cultures potagères et maraîchères.	4,194	—
Cultures industrielles (betteraves à sucre). .	410	—
Prairies artificielles (trèfle, luzerne, sainfoin).	1,726	—
Fourrages annuels (foin).	336	—
Jachères.	15	—
Vignes.	1,000	—
Bois et forêts.	1,154	—
Prairies naturelles et vergers.	402	—
Pâturages et pacages.	16	—
Terres incultes	773	—
Superficies bâties, voies de transport . . .	21,058	—

On compte dans le département 89,785 chevaux (20,425 pro-
priétaires). Dans la Seine (Paris excepté), il existait, en 1879, 44 mu-
les ou mulets, 83 ânes, 228 bœufs ou taureaux, 3,928 vaches
et génisses, 681 veaux, 7,551 moutons (ayant donné en 1877
41,375 kilogrammes de laine), 3,626 porcs, 669 chèvres.

« On pourrait croire que le département de la Seine, dit M. Élisée
Reclus, en grande partie couvert de maisons, d'usines, de forteresses, de parcs et de bois de plaisance, est presque sans aucune
agriculture. Bien au contraire! Malgré le peu d'étendue de ses terrains productifs, la Seine n'est pas le département français dont les
denrées ont la moindre valeur; telles sont l'intelligence et l'industrie
des cultivateurs de la banlieue parisienne, que leur petite zone de
champs, de jardins, de vergers dépasse en importance économique
les districts de Cannes, de Grasse, de Nice et de toutes les Alpes-
Maritimes. Malgré la cherté des terrains, on les cultive çà et là en
céréales aux environs de Paris, et les coteaux de Suresnes, on le sait,
sont couverts de *vignobles ;* mais la valeur du sol est telle, que, à
moins d'avantages exceptionnels, nulle récolte unique dans l'année
ne peut suffire au travailleur; il lui en faut en moyenne cinq ou six,
et même certaines cultures lui en fournissent davantage : on retire
du sol jusqu'à onze « saisons. » Les **maraîchers** de Paris et des

environs cultivent de nos jours près de 1,400 hectares, divisés en
1,800 jardins, et ces petits enclos, que leurs possesseurs travaillent
avec un acharnement presque sans exemple, fournissent incessamment
aux marchés de Paris des légumes de toute espèce. Pour le jardinier
parisien, véritable créateur, il n'est pas de mauvaise terre : par des
amendements et des engrais dosés avec soin, par l'arrosage à divers
degrés de température, par l'habile rotation des plantes cultivées,
le terrain, quel qu'il soit naturellement, est toujours amené ou main-
tenu à l'état de production forcée. Quand on approche de Paris en
wagon de chemin de fer et qu'on traverse l'étroite zone des jardins
extérieurs avec leurs espaliers, leurs plates-bandes, leurs sentiers, leurs
maisonnettes, le tout si petit mais en même temps si bien entretenu,
on est étonné d'apprendre que ce faible espace contribue pour une
part très considérable à l'alimentation de Paris et que Londres même
s'y approvisionne d'une très grande quantité de primeurs. »

La partie la plus fertile du département de la Seine est peut-être
aujourd'hui la *presqu'île de Gennevilliers*, dont le sol stérile ne
produisait jadis que de mauvaises betteraves. On a organisé à Clichy
d'abord, puis dans la presqu'île de Gennevilliers, une distribution
agricole d'eau d'égout destinée à fertiliser les plaines perméables
et arides qui bordent la Seine et l'Oise. L'irrigation a lieu soit
par rigoles découvertes, soit par conduites et branchements ;
elle sert en été à l'arrosage, en hiver au colmatage des champs.
Depuis douze ans, son application a parcouru l'échelle entière de
la végétation, fourrages, légumes, fleurs et fruits. Elle s'est
vulgarisée à ce point que les terrains ainsi arrosés ont vu leur
valeur locative quintuplée. Les asperges, les betteraves, les artichauts,
les choux, les rhubarbes y atteignent des proportions énormes.

Les fruits viennent surtout de *Montreuil*, localité renommée par
ses pêches, ses poires, ses cerises, ses fraises, ses vignes en espaliers,
ses légumes et ses fleurs. La culture du pêcher, la plus importante,
occupe 240 hectares et produit, chaque année, 12 à 15 millions de
pêches. Les habitants de Fontenay-aux-Roses vendent, au printemps
une grande quantité de *fraises et de roses;* ceux de Puteaux cultivent
la vigne et des rosiers, dont les fleurs, vendues aux parfumeurs de
Paris, servent à fabriquer de l'essence de rose. — Dans le sable des
carrières des environs de Paris, et notamment à Châtillon, les agri-
culteurs cultivent d'excellents petits *champignons* blancs , vendus
sur les marchés de la capitale.

En 1877, les cultivateurs du département de la Seine ont récolté
415,588 hectolitres de froment, 1554 de méteil, 25,492 de seigle,
2,418 d'orge, 138,507 d'avoine, 841,148 de pommes de terre,

12,663 de légumes secs, 48,000 quintaux de betteraves et 18,036 hectolitres de vins.

Sur les 1,154 hectares de bois que possède le département, 344 appartiennent à l'État, 12 aux établissements publics et 798 aux particuliers. Les deux bois principaux sont ceux de Boulogne et de Vincennes. Le **bois de Boulogne** (873 hectares) s'étend jusqu'à la Seine sur la vaste plaine de Longchamp, où ont été plantés 200,000 pieds d'arbres et d'arbustes, qui forment des massifs isolés, de manière à ménager de charmantes perspectives. Malheureusement ce bois, dont le terrain est naturellement fort ingrat, ne se prête pas à la croissance des grands arbres. La Ville de Paris possède dans le bois de Boulogne deux pépinières : l'une (32,088 mètres carrés), près de la porte d'Auteuil, produit des arbres et arbustes à feuilles persistantes; la deuxième (45,000 mètres), près de la porte de Saint-Cloud, est spécialement réservée pour les arbres à feuilles caduques. Près de la porte de Saint-Cloud, une troisième pépinière est destinée à fournir sans cesse de nouveaux arbres, de toutes essences, pour l'entretien du bois. De plus, la Ville entretient à Bry-sur-Marne une autre pépinière (18 hectares), destinée à l'éducation des arbres d'alignement.—A Vitry et à Saint-Denis existent d'habiles pépiniéristes.

C'est aussi au bois de Boulogne que sont situés le jardin botanique de la Muette et le jardin zoologique d'Acclimatation. Le *jardin botanique de la Muette*, d'où proviennent les fleurs des jardins publics de Paris, comprend une orangerie, 6,867 mètres carrés de serres et 5,000 de châssis de couches. On y voit des collections très remarquables de camélias, d'azalées, de palmiers, tulipes. Une surface de 200 mètres est affectée aux multiplications des plantes exotiques. 700 cloches de verre peuvent recevoir plus de 50,000 boutures. — Le *jardin d'Acclimatation* est destiné à acclimater, multiplier et répandre dans le public toutes les espèces animales ou végétales qui sont ou qui seraient nouvellement introduites en France et qui paraîtraient dignes d'intérêt par leur utilité ou par leur agrément. — Un autre *jardin botanique* est annexé à l'école vétérinaire *d'Alfort* avec quelques champs affectés à la culture de diverses plantes céréales et fourragères.

Le **bois de Vincennes** (921 hectares), transformé, comme celui de Boulogne, en un immense parc, a, plus que ce dernier, conservé intacte la physionomie d'un bois. La végétation y offre partout un caractère pittoresque et sauvage qui ne manque pas de charme. Malheureusement, le bois est partagé en deux parties distinctes par un champ de manœuvres. On y voit la *ferme de la Faisanderie*, établie pour l'expérimentation des méthodes nouvelles d'agriculture et de tout ce qui intéresse l'exploitation agricole. Les ruisseaux et les lacs du bois de Vincennes sont alimentés par le lac de Gravelle, vaste réservoir qui est rempli par une prise d'eau établie à Saint-Maur.

Les autres bois du département de la Seine sont ceux de Clamart, qui se confondent avec les bois de Meudon (Seine-et-Oise), la forêt de

Grande cascade du bois de Boulogne.

Bondy, dont la plus grande partie est en Seine-et-Oise et dont une portion est morcelée, les bois des environs de Sceaux, etc.

XI. — Industrie: carrières; sources minérales.

Le département de la Seine possède les **carrières** de pierre (Châtillon, Montrouge, etc.) et de plâtre (Bagneux, Clamart, Montreuil-sous-Bois, Romainville) les plus considérables de la France; leur

voisinage de la capitale est une des grandes causes du développement
et de la magnificence architecturale de Paris. Les nombreux boule-
versements qui ont donné lieu aux couches variées formant le
terrain du bassin de Paris, ont en même temps amené en plusieurs
points l'érosion de la croûte terrestre et facilité l'extraction des matériaux nécessaires à la construction des édifices. A la base du terrain
tertiaire éocène, on trouve fréquemment, en effet, le calcaire pisoli-
thique, formé de dépôts de calcaire concrétionné et jaunâtre bien
connu sous le nom de pierre de Paris, de Meulan, d'Épernay, etc.

Les plus anciennes des excavations qui s'étendent sous Paris ont
eu pour but la construction même de la ville. Les *Catacombes*, qui
forment un second labyrinthe de souterrains au-dessous des égouts,
sont, en effet, d'anciennes carrières, exploitées depuis la domination
romaine. Les Catacombes s'étendent aussi vers le sud, sous le territoire de Montrouge, de Montsouris et de Gentilly ; une partie d'entre
elles fournit encore des matériaux de construction. Les Catacombes
sont devenues, à la fin du dix-huitième siècle, un vaste ossuaire où
a été transporté le produit des exhumations faites dans les anciens
cimetières de Paris. — Montmartre et les Buttes-Chaumont ont aussi
fourni à la grande ville une quantité considérable de matériaux de
construction.

On rencontre fréquemment dans les environs de Paris des blocs
de granit et de porphyre qui ont de 30 à 40 centimètres de côté.
Ces débris paraissent avoir été charriés par les affluents de la Seine
descendus du Plateau Central de la France, notamment par l'Yonne.
Comme les blocs tertiaires, dont le volume dépasse souvent plusieurs
mètres cubes, ils sont enfouis dans les sables et les cailloux roulés.

Outre la source sulfureuse de *Belleville*, dont l'exploitation a été
tentée sans succès, il existe dans deux localités, Passy et Auteuil, des
sources minérales. Les sources de *Passy*, au nombre de cinq, fournissent des eaux froides, sulfatées, calcaires, ferrugineuses, limpides,
incolores, inodores, légèrement styptiques ; elles laissent dans la bouche
une saveur métallique un peu amère ; leur surface se recouvre à l'air
d'une pellicule irisée. Leur température est de 3°,88. Les eaux de
Passy, qui se prennent seulement en boisson, sont toniques, exci-
tantes de l'appareil digestif et de l'hématose, résolutives de certains
engorgements, par exemple ceux de la rate à la suite des fièvres
intermittentes. — Les sources d'*Auteuil*, près desquelles s'élève un
établissement hydrothérapique, donnent une eau froide, ferrugineuse,
agissant comme tonique sur l'appareil digestif, et activant l'hématose.

Sous le rapport de l'industrie, la Seine est le premier des départements français ; mais son industrie se résume presque tout entière

dans celle de Paris. « Malgré le haut prix des loyers et de la main-d'œuvre, le département de la Seine participe à toutes les grandes industries nationales, même à celles qui demandent une surface considérable de terrains. Il dépasse toutes les autres circonscriptions de la France pour quelques-unes des grosses fabrications, notamment pour les machines, les fontes moulées, les cuivres, les sucres raffinés, les bougies. Les divers produits qui font la gloire de Paris, la bijouterie, l'orfèvrerie, l'ébénisterie, les bronzes, les gravures, les livres, les dessins, les photographies, les instruments de précision et de chirurgie, les armes de luxe, les horloges, les balances, les préparations anatomiques, et les objets innombrables désignés sous le terme général d'*articles de Paris*, demandent tous un travail intelligent et soigné, qu'on n'obtiendrait pas dans les immenses usines où les ouvriers travaillent comme de simples auxiliaires de la machine. »

En effet, peu de manufactures et d'usines, mais une foule de petits ateliers, tel est le caractère de l'industrie parisienne. Par sa nature, le travail parisien appartient aux arts et métiers, il répugne à la manufacture. Du reste, ce qui fait l'excellence de l'industrie parisienne, c'est l'atmosphère d'intelligence et d'art qui l'entoure. Les bronzes, les meubles, les bijoux de Paris doivent la supériorité incontestable qu'ils ont sur toutes les industries similaires dans le reste du monde au milieu où vivent les ouvriers qui les fabriquent. Les procédés, les formes et les dessins se renouvellent sans cesse, et l'on y voit se succéder les nuances les plus fugitives de la mode contenues par les règles du goût le plus délicat.

Les plus grosses agglomérations industrielles se trouvent dans les fabriques de produits chimiques, gaz, noir animal, raffinerie, allumettes ; dans la construction des voitures et wagons, la peausserie, la sellerie, quelques imprimeries typographiques, l'ébénisterie et la sculpture sur meubles, la chapellerie, la cordonnerie, l'habillement ; et encore, partout où l'on peut substituer le travail en chambre à l'atelier, on n'y manque pas. La division du travail est poussée jusqu'à l'infini : une dizaine d'artisans, par exemple, concourent à la fabrication d'une lampe.

La grande **industrie métallurgique** est représentée à Paris par les ateliers de réparation et de construction des chemins de fer de l'Ouest aux Batignolles, du Nord à la Chapelle, de l'Est à la Villette, d'Orléans au Petit-Ivry, de Lyon à Bercy ; quelques usines pour la construction du matériel des chemins de fer, telles que Cail, Gouin ; les fonderies de bronzes, candélabres, les fabrications d'appareils à distillation, à raffiner le sucre. Mais la somme des affaires en métallurgie provient surtout de la petite industrie, disséminée dans une foule d'ateliers employant de 1 à 10 chevaux-vapeur, spécialités qu'on ne trouve presque pas hors de Paris et dont nous citerons les échantillons : machines pour imprimerie, reliure, gaufrure, pliage d'enveloppes de lettres, pièces d'horlogerie et de précision, découpage, estampage, scieries de toute espèce, lavage, séchage d'étoffes et de linge, machines-outils de tous systèmes, couseuses et brodeuses mécaniques, construction sur plan pour les chercheurs et inventeurs, presses, pompes, crics, grues, mécaniques pour boutonnerie, passementerie, bouchage des vins, des eaux gazeuses, chocolaterie, boulangerie, etc., toutes productions enfin où le travail, la conception artistique et scientifique entrent pour la plus grosse part dans le prix de revient.

La *filature* compte 60,000 broches environ dans le rayon industriel de Paris. Le tissage du beau châle français y a pris une certaine importance ; mais les patrons n'ont chez eux que des dessinateurs ; le travail s'exécute par des chefs d'ateliers possédant un ou plusieurs métiers, et disséminés dans quelques faubourgs et dans l'ancienne banlieue de Paris.

Nombre de professions tiennent à l'art ou à la science, comme la fabrication des appareils de chauffage, de télégraphie, la bijouterie, l'orfèvrerie, la gravure (cartes, taille-douce, gravure sur bois, sur métaux, sur bijoux, poinçons pour médailles, estampage), les bronzes, garnitures de pendules et de cheminées, les imprimeries typographiques, lithographiques, en taille-douce, les fabriques de papiers peints, la broderie, la passementerie, la dorure, la modelure, la photographie, etc. D'autres sont du domaine de la précision, comme l'optique, les instruments de musique, l'horlogerie fine et la grosse horlogerie, les préparations anatomiques, les tubes acoustiques, les balances, les armes de luxe.

Une foule de produits de fantaisie, tels que la tabletterie, la bimbeloterie, les jouets, les nécessaires, les porte-monnaie, bourses, porte-cigares, objets en acier poli, en aluminium, agrafes, abat-jour, fleurs artificielles, modes, parfumerie, plumasserie, éventails, ne peuvent s'exécuter que dans une ville où l'on trouve réunies toutes les ressources de l'art, de l'industrie et de la nature, comme ils ne peuvent se vendre que dans un centre où le luxe et le caprice priment l'utile et le nécessaire.

Dès que l'importance de la production permet de transférer ces fabrications hors de la capitale, les maisons de Paris ne s'occupent plus que de la vente et de l'échantillonnage. C'est ainsi que la broderie dite de Paris se confectionne en Meurthe-et-Moselle et dans les Vosges, sur dessins et commandes partis du quartier Montmartre ; nombre de petites fabriques de fleurs artificielles se sont élevées dans la banlieue ; les produits chimiques, au double point de vue de l'hygiène et de l'économie, sont refoulés aux limites extrêmes de la ville et au delà de l'enceinte fortifiée ; la boutonnerie commune se fabrique dans les campagnes, les ouvroirs, les prisons ; Paris ne fait plus aujourd'hui que la boutonnerie fine.

Les grands établissements de l'État se rattachant à l'industrie sont la Monnaie, les Gobelins, l'Imprimerie nationale et la manufacture des Tabacs. La *Monnaie* comprend des ateliers de fonderie, de laminage et de monnayage. 22 presses frappent chacune en moyenne 50 à 60 pièces par minute. Les « flans » ou pièces lisses, empilés dans un godet, sont entraînés mécaniquement dans la lunette, où ils reçoivent d'un seul coup la triple empreinte (face, revers et tranche). On évalue le numéraire ayant cours, frappé en France selon le système décimal, depuis 1795 jusqu'à la fin de l'année 1877, à 8 milliards de monnaies d'or, 5 milliards et demi d'argent et 62 millions et demi de bronze.

La *manufacture de tapisseries des Gobelins* a une réputation européenne. Les artistes-tapissiers exécutent d'après des cartons ou modèles peints toutes sortes de sujets en tapisseries. Ces tapisseries sont fabriquées sur des métiers dont la chaîne est verticale et qui sont dits de haute lisse parce que les fils qui servent à manœuvrer l'une des nappes de la chaîne et que l'on appelle *lisses* sont placés au-dessus de la tête de l'ouvrier. Des Gobelins sortent aussi des tapis fabriqués sur des métiers qui ne diffèrent que par quelques détails de ceux de la tapisserie ; quelques-uns n'ont pas moins de dix à onze mètres de développement. Un atelier de teinture est annexé à la manufacture. On teint aux Gobelins, outre les laines nécessaires à l'établissement, les laines et les soies destinées à la manufacture de Beauvais (Oise). Les laines viennent du comté de Kent (Angleterre) et se filent à Nonancourt (Eure).

L'*Imprimerie nationale* imprime principalement tout ce qui se fait pour le compte des administrations centrales de l'État. On y remarque notamment 80 presses à bras, qui pourraient imprimer en un seul jour 3000 exemplaires d'un volume de 80 feuilles. Cet établissement modèle occupe environ 1,000 ouvriers des deux sexes.

La *manufacture des Tabacs* du Gros-Caillou (plus de 2,000 ouvriers ou employés) fabrique du tabac à priser, du scaferlati (tabac à fumer), des cigares de 5, 7 1/2 et 10 centimes, des rôles (tabac à mâcher) et des cigarettes. Elle a produit, en 1876, 262 800 kilogrammes de scaferlati, 2 100,000 de tabac à priser, 251,000 de rôles, 34,500,000 cigares et 257 millions de cigarettes. Les machines à vapeur représentent une force totale de 100 chevaux. — Une seconde manufacture (1,000 personnes) est installée à Neuilly, pour la fabrication spéciale des cigares en tabac de la Havane.

Citons, en outre, la *Manutention* des vivres de la guerre, comprenant un moulin à 21 paires de meules, 4 boulangeries de 4 fours chacune, des magasins à blé pour 64,000 quintaux, etc.

D'après l'enquête publiée en 1875 par la Chambre de commerce, la production industrielle totale de Paris se répartissait, en 1872, de la manière suivante :

	OUVRIERS	SALAIRE MOYEN	PRODUIT DU SALAIRE PAR AN.
1re classe : alimentation. .	55,952	5,50	87,363,780 francs
2e classe : bâtiment. . . .	55,894	5,20	87,540,975 —
3e classe : ameublement. .	36,441	6,55	85,228,200 —
4e classe : vêtement. . . .	112,205	6 »	139,843,425 —
5e classe : fils et tissus . .	26,753	5,45	29,940,450 —
6e classe : métaux communs.	32,161	5,75	53,349,500 —
7e classe : métaux précieux.	18,219	6,70	30,810,300 —
8e classe : chimie et céramique	19,109	5,45	27,536,435 —
9e classe : impression, gravure et papeterie. . . .	33,917	5,70	42,680,565 —
10e classe : instruments de précision, de musique et horlogerie.	16,788	6,40	29,343,675 —
11e classe : peaux et cuirs.	1,510	5,40	9,720,945 —
12e classe : carrosserie, sellerie, équipements militaires.	24,684	6,15	36,185,135 —
13e classe : boissellerie, vannerie, brosserie	4,357	5,25	6,086,100 —
14e classe : articles de Paris.	54,918	5,55	42,114,425 –
15e classe : industries diverses	52,673	5.60	52,760,750 —
Totaux	520,337	5,80	760,503,440 francs

Sur le total de 520,337 ouvriers, on compte 189,401 femmes, filles ou jeunes garçons, dont le salaire moyen est de 2 francs et quelques centimes au-dessous de celui des hommes.

Il y a dans les 20 arrondissements de Paris 123,369 patrons, soit un industriel par 15 habitants. L'alimentation et le vêtement représentent à eux seuls plus de la moitié de l'activité industrielle. Pour mettre en mouvement ces innombrables industries, Paris possède

18,955 chevaux-vapeur, qui fonctionnent dans 2,238 établissements. Enfin il existe 42,000 machines à coudre, représentant le travail de 168,294 ouvrières. Le total de la production industrielle peut être évalué à 5 milliards 500 millions de francs.

La localité du département de la Seine la plus importante après Paris par son activité industrielle est *Saint-Denis*. L'importance de cette ville, considérable pendant le moyen âge, était bien déchue dans les deux derniers siècles et dans les 40 premières années du nôtre ; mais elle s'est relevée depuis et s'accroît constamment : des fabriques aussi nombreuses que variées, chassées de Paris par l'élévation du prix des loyers et la cherté des denrées alimentaires, viennent s'établir à Saint-Denis, où le prix de la main-d'œuvre est encore moins élevé. Deux ruisseaux, le Crould et le Rouillon, sont, ainsi que le canal Saint-Denis, d'une grande utilité pour les industriels.

Saint-Denis possède de nombreuses fabriques d'impressions sur étoffes, de cordes, de plomb laminé, de gélatine, d'amidon, de bougies, de chandelles, de carton, de salpètre, de soude, de cuirs, de produits chimiques. Cette ville renferme, en outre, des blanchisseries de toiles, des lavoirs de laine, des moulins à pulvériser les bois de teinture, des tanneries, des brasseries, des moulins à farine, un atelier pour la construction des machines.

Parmi les autres localités industrielles du département, il faut citer : — *Pantin* et *Aubervilliers*, hérissés de cheminées d'usines ; — *Puteaux*, qui produit à lui seul plus d'étoffes de laine que n'en fournissait toute la France au temps de Colbert et où l'on remarque surtout des usines pour l'extraction de la matière colorante des bois de teinture, des usines pour apprêts et teintures de tissus, des fabriques d'impressions, un atelier de construction d'appareils et de machines, etc.; — *Antony* (fabrication de la bougie et blanchisserie de la cire) ; — *le Bourget*; — *Saint-Maurice*, qui possède plusieurs moulins appartenant à M. Darblay et auxquels deux prises d'eau assez considérables, pratiquées aux dépens du canal Saint-Maur, donnent le mouvement et la vie. Il se trouve aussi à Saint-Maurice une fabrique de porcelaines, une fabrique de boutons et des filatures de laines. — *Choisy-le-Roi* possède une manufacture de porcelaine, une verrerie, des fabriques de maroquin, de soude, de produits chimiques, de toiles cirées, etc. — A *Ivry*, des fabriques, des forges, des raffineries ont remplacé la plupart des anciennes villas. — *Montreuil-sous-Bois* a des fabriques de cuirs vernis et d'importantes fabriques de porcelaines, etc.

Enfin plusieurs communes des environs de Paris, — Clamart,

Boulogne (400 buanderies), etc., — sont habitées par des blanchisseurs, dont la clientèle est exclusivement parisienne. — Un grand nombre de laitiers amènent chaque jour à Paris une quantité considérable de lait.

XII. — Commerce, chemins de fer, routes.

Paris peut être considéré comme le grand débouché de la France financière et industrielle. A la tête de toutes les autres branches du commerce, se place celui des capitaux, pour lequel Paris n'est guère surpassé que par Londres. Les valeurs cotées à la Bourse et admises sur ce marché officiel, comprennent, outre les fonds publics français et étrangers, un grand nombre d'actions de compagnies tant étrangères que françaises, et, suivant certaines conditions, des obligations ou emprunts des chemins de fer. Un grand nombre de sociétés financières, commerciales ou industrielles ont établi leur siège à Paris.

Le commerce des métaux précieux, entièrement lié à celui des capitaux, se fait aussi à Paris sur une grande échelle, et cette ville renferme plusieurs établissements d'affinage.

Si Paris est le centre où affluent les matières premières, et surtout les matières précieuses, il est aussi le centre où s'approvisionnent le reste de la France et l'étranger. Il s'y fait un commerce immense d'exportation, qui avait autrefois pour intermédiaires entre l'acheteur et le vendeur des commissionnaires dont le nombre tend chaque jour à diminuer, depuis l'accroissement des facilités de communication. Paris importe des céréales de la Beauce et des terres à blé de l'Europe occidentale, de la Russie, des pays danubiens, de l'Amérique et de l'Algérie, qui lui envoie surtout des primeurs; de la marée de l'Océan et de la Méditerranée; du lait, du beurre, des fromages, des légumes, des fruits, des volailles de presque tous les départements français; des matières premières, de province et de l'étranger.

Le mouvement des voyageurs dans les gares de Paris a été en 1879 de 41,134,917; celui des marchandises, de 9,548,671 tonnes. Sur les ports de la capitale, il a été débarqué, embarqué ou passé en transit 1,869,548 tonnes de marchandises, transportées par 10,894 bateaux et 150 trains en radeaux.

L'approvisionnement général de Paris donne lieu à un mouvement d'affaires très considérable, qui dépasse 600 millions représentant la consommation locale et la réexportation.

La consommation de Paris a présenté, en 1879, d'après l'*Annuaire du Bureau des longitudes*, les quantités suivantes:

Intérieur des Halles centrales.

BOISSONS ET LIQUIDES COMESTIBLES

Vins en cercles	4,391,153	hectolitres
Vins en bouteilles	17,745	—
Alcool pur et liqueurs	125,211	—
Cidres, poirés et hydromels	56,751	—
Vinaigre	35,830	—
Bière	223,651	—
Huile d'olive	1,096,770	kilog.

COMESTIBLES

Enlèvement des abattoirs.

Viande de boucherie	115,572,975	kilog.
Abats et issues de veau	2,541,180	—
Viande de porc	15,103,249	—
Abats et issues de porc	2,581,973	—

Provenance de l'extérieur.

Viande de boucherie	22,638,217	kilog.
Abats et issues de veau	828,431	—
Viande de porc	6,594,824	—
Charcuterie	1,968,476	—
Abats et issues de porc	518,826	—

Volaille et gibier.

Truffes, volailles et gibiers truffés	95,915	—
Volaille 1re catégorie	486,494	—
— 2e —	11,507,397	—
— 3e —	4,515,662	—
— 4e —	5,502,584	—

Comestibles divers.

Viandes confites, poissons marinés, etc.	1,246,133	—
Poissons	5,920,909	—
Huîtres	5,592,505	—
— marinées	8,502	—
Beurre de toute espèce	15,855,469	—
Fromages secs	4,985,591	—

Œufs.   18,070,657   kilog.
Fruits et conserves au vinaigre, verjus, su-
  reau, etc.   1,024   hectol.
Raisins de toute espèce   5,509,065   kilog.
Sel gris ou blanc   15,784,107   —

COMBUSTIBLES.

Bois dur, neuf ou flotté.   461,774   stères
Bois blanc, neuf ou flotté.   501,095   —
Cotrets, menuise et fagots   77,146   —
Charbon de bois et charbons artificiels. . . .   5,026,420   hectol.
Poussier de charbon de bois, tan carbonisé. . .   96,519   —
Anthracite, houille de toute espèce.   945,505,889   —

OBJETS DIVERS EMPLOYÉS DANS L'INDUSTRIE

Acide acétique.   2,691   kilog.
Alcool pur contenu dans l'alcool dénaturé . . .   9,541   hectol.
Huiles animales ou végétales, autres que l'huile
  d'olive   14,517,458   kilog.
Huile animale sortant des abattoirs   80,025   —
Huiles et essences minérales   98,743   hectol.
Vernis autres que ceux à l'alcool.   6,640   —
Couleurs à l'huile.   9,802   —
Essences et liquides assimilables.   21,420   —
Goudrons liquides à l'état brut   811,610   kilog.
Éthers et chloroforme.   1,919   hectol.
Cire blanche, cire jaune, spermacéti raffiné . .   222,141   kilog.
Acide et bougie stéarique, spermacéti brut. . .   4,396,846   —
Suifs et graisses non comestibles   1,258,691   —
Bouteilles, demi-bouteilles, etc.   19,285,286   —

MATÉRIAUX DE CONSTRUCTION, ETC.

Chaux et ciment.   101,671,498   kilog.
Plâtre   5,074,422   hectol.
Moellons de toute espèce   457,286   mèt. cub.
Pierres de taille, dalles et carreaux en pierre.   232,081   —
Marbre et granit.   4,991   —
Fers employés dans les constructions.   55,743,575   kilog.
Fontes employées dans les constructions   25,960,940   —
Ardoises de grande dimension   5,610,072   unités
  — petite —   243,625
Tuiles de dimension ordinaire   1,226,558   —

Briques de dimensions ordinaires	63,511,298 unités
Carreaux de dimensions ordinaires et de faïence.	8,552,041 —
Briques, tuiles, carreaux de toute autre dimension	15,145,235 kilog.
Pots creux, mitres, poteries, etc.	6,763,784 —
Argile, terre glaise, sable gras	124,258 mèt. cub.
Asphalte, bitume, etc.	116,858,981 kilog.
Verres à vitres	7,432,945 —
Glaces, miroirs	1,555,870 —

BOIS A OUVRER

Chêne et bois durs.	171,903 stères
Sapin et bois blancs	288,065 —
Lattes et treillage	223,532 bottes
Bateaux { en chêne.	47 bateaux
en sapin	15 —
Bois de déchirage { en chêne	2,655 mèt. car.
en sapin	16,203 —

FOURRAGES ET GRAINS

Foin.	19,040,785 bottes de 5 kilog.
Paille	51,525,723 —
Avoine.	166,857,721 kilog.
Orge.	2,761,691 —

Chaque année, il se tient à Saint-Denis plusieurs foires dont une, la foire du Landit, est très importante pour la vente des moutons. Citons aussi, à Paris, la foire aux pains d'épice et la foire aux jambons.

Outre les chemins de fer, Paris communique par le canal de l'Ourcq et le canal de Saint-Quentin, avec les départements du Nord et la Belgique ; par la haute Seine et les canaux du Loing, de Briare et d'Orléans, avec les départements du centre et de l'ouest ; par le canal de Bourgogne et celui du Rhône au Rhin, avec les départements de l'est et du sud-est ; enfin par la basse Seine avec la Manche.

Les chemins de fer français ont à Paris huit têtes de lignes, appartenant à cinq Compagnies. Un neuvième chemin de fer, dit de Ceinture, fait, à l'intérieur de Paris, le tour de la ville.

Les chemins de fer de l'Ouest ont deux gares dans Paris : l'une, située rue Saint-Lazare, est spécialement affectée aux lignes de Normandie et accessoirement aux chemins de banlieue, de Versailles (rive droite), de Saint-Germain, etc.: l'autre, au boulevard du Montparnasse, forme la tête de ligne des chemins de fer de l'Ouest proprement dits.

Le chemin de fer *de Paris au Havre*, au sortir de la gare Saint-Lazare, passe sous la place de l'Europe, puis, dans un tunnel de 529 mètres, sous une partie des Batignolles. Au delà de la station de Clichy, il traverse la Seine, dessert Asnières et Colombes, puis entre, en franchissant de nouveau le fleuve, dans le département de Seine-et-Oise. Parcours, 11 kilomètres.

Du chemin de fer du Havre se détachent : 1° (à droite) à Asnières, le chemin de fer d'*Ermont*, qui dessert Bois-de-Colombes, Colombes, et entre en Seine-et-Oise en traversant la Seine à Argenteuil (parcours, 4 kilomètres 1/2) ; 2° (à gauche) à Asnières, le chemin de fer de *Versailles*, qui, dans la Seine (parcours, 8 kilomètres), a pour stations Courbevoie, Puteaux et Suresnes ; 5° (à gauche) à Colombes, la ligne de *Saint-Germain* (4 kilomètres 1/2), qui passe à la gare de Nanterre.

Le chemin de fer *de Paris à Brest*, qui se confond jusqu'à Versailles avec le chemin, dit de la rive gauche, qui dessert cette ville, n'a dans le département de la Seine qu'un parcours de 6 kilomètres 1/2 et deux stations, Ouest-Ceinture et Clamart.

Le réseau des **chemins de fer du Nord** comprend, dans le département de la Seine, deux lignes. La première dessert la Chapelle, laisse à gauche un embranchement de 5 kilomètres desservant le port de Saint-Ouen, passe à la gare de Saint-Denis, puis se divise en deux lignes conduisant l'une (à gauche), par Épinay à Pontoise, l'autre (à droite) par Pierrefitte-Stains à Creil, station d'où se ramifient vers le nord de la France les grandes lignes du réseau. A Épinay, à la limite du département de Seine-et-Oise, se détache, à droite, la ligne de Beauvais par Montsoult et Persan-Beaumont.

Sur cette grande ligne principale s'embranche, à droite, entre la gare de la Chapelle et celle de Saint-Denis, un chemin de fer qui se dirige vers la Belgique par le Bourget-Drancy, Aulnay-lès-Bondy, Soissons et Laon. Le réseau des chemins de fer du Nord a dans la Seine un développement total de 25 kilomètres environ.

De la gare de Strasbourg, tête de ligne des **chemins de fer de l'Est**, part le chemin de fer *de Paris à Strasbourg*, qui, sur un parcours de 14 kilomètres, dessert les stations d'Est-Ceinture, de Pantin, Noisy-le-Sec et Bondy. De la gare de Noisy, se détache à gauche la ligne *de Paris à Mulhouse*, qui passe aux gares de Rosny-sous-Bois et Nogent-sur-Marne. Au delà de Bondy, à gauche, un embranchement (5 kilomètres dans la Seine) va, par les stations de Raincy-Pavillon et Gargan-Livry, rejoindre, à Aulnay-lès-Bondy, la ligne de Paris à Laon.

A la Compagnie des chemins de fer de l'Est appartient aussi la ligne *de Paris à Brie-Comte-Robert par Vincennes*, dont l'embarcadère spécial est sur la place de la Bastille, et qui a pour stations Reuilly, Bel-Air, Saint-Mandé, Vincennes, Fontenay-sous-Bois, Nogent (reliée à la ligne de Mulhouse par un tronçon de raccordement long de 2 kilomètres), Joinville-le-Pont, Saint-Maur—Port-Créteil, Parc de Saint-Maur, Champigny et la Varenne-Saint-Maur. Parcours, 18 kilomètres.

Le **chemin de fer de Paris à Lyon** dessert Bercy, Charenton-le-Pont, où il franchit la Marne, et Maisons-Alfort. Parcours, 11 kilomètres.

Le chemin de fer **de Paris à Orléans** dessert Orléans-Ceinture, Vitry et Choisy-le-Roi. Parcours, 15 kilomètres.

L'embarcadère du chemin de fer **de Paris à Sceaux et à Limours** offre un aspect tout particulier. La voie forme une sorte de raquette, de sorte qu'en partant de Paris on voit arriver derrière le train le convoi qui vient de Sceaux et qui peut repartir sans qu'il soit nécessaire de retourner la locomotive. Le chemin de fer de Sceaux, dans le principe, fut construit pour expérimenter un système nouveau, celui des trains articulés destinés à parcourir des courbes de très faible rayon, et à gravir, en conséquence, les plus fortes déclivités. Le chemin de fer dessert les stations de Sceaux-Ceinture, Arcueil, Bourg-la-Reine (d'où un embranchement de 3 kilomètres monte en zigzag à Sceaux par Fontenay-aux-Roses), la Croix-de-Berny et Antony. Parcours, 14 kilomètres.

Le **chemin de fer de Ceinture**, qui fait tout le tour de Paris, en suivant intérieurement, à des distances variables, la ligne des fortifications, prend son point de départ et d'arrivée, à l'intérieur de Paris, à la gare Saint-Lazare. Sa longueur totale est de 35 kilomètres ; il a 27 stations : Batignolles, Courcelles-Levallois, Neuilly-Porte—Maillot, Avenue du Bois de Boulogne, Avenue du Trocadéro, Passy, Auteuil où commence un magnifique viaduc courbe long de 2 kilomètres qui traverse la Seine, Point-du-Jour, Grenelle, Vaugirard-Issy, Ouest-Ceinture, Montrouge, la Glacière-Gentilly, la Maison—Blanche, Orléans-Ceinture, la Râpée-Bercy, Bel-Air, Avenue de Vincennes, Charonne, Ménilmontant, Belleville-Villette, Pont-de-Flandre, la Chapelle-Saint-Denis, boulevard Ornano, Avenue de Saint-Ouen (d'où se détache à droite le chemin de fer des docks de Saint-Ouen, 4 kilomètres). Avenue de Clichy et Courcelles-Ceinture.

Outre ces nombreux chemins de fer, le département de la Seine

Pont-viaduc d'Auteuil.

possède un vaste réseau de *tramways* (247 kilomètres) ou chemins de fer à rails plats et à traction de chevaux. Outre son réseau intérieur, Paris en a un extérieur qui le relie à plusieurs localités voisines : à Versailles, Saint-Cloud, Courbevoie, Suresnes, Neuilly, Levallois, Asnières, Gennevilliers, Saint-Ouen, Saint-Denis, Aubervilliers, Pantin, Montreuil, Vincennes, Villejuif, Châtillon et Fontenay-aux-Roses.

La superficie des voies pavées de Paris est de 5,820,400 mètres carrés ; celle des chaussées empierrées, de 1,808,200 ; celle des chaussées en asphalte, de 240,250. La superficie des trottoirs et des contre-allées est évaluée à 456,700 mètres carrés.

Les voies de communication du département de la Seine comprennent 1113 kilomètres, ainsi répartis :

Chemins de fer	176 kil. 1/2
Routes nationales	117
Routes départementales	186
Chemins de grande communication	205
Chemins vicinaux ordinaires	354
Rivières navigables.	71 1/2
Canaux	25

XIII. — Dictionnaire des communes.

Alfort, *V.* Maisons-Alfort.

Antony, 1,525 h., c. de Sceaux.

Arcueil, 5,299 h., c. de Villejuif, sur la Bièvre. ⟫⟶ Église du XIIIᵉ s., d'une architecture charmante. — Deux aqueducs superposés, portant au-dessus de la vallée de la Bièvre, pour les conduire à Paris, l'un les eaux de la source de Rungis, l'autre les eaux de la Vanne. L'aqueduc inférieur, le plus remarquable, date du XVIIᵉ s. ; l'autre est tout à fait moderne.

Asnières, 8,278 h., c. de Courbevoie, sur la rive g. de la Seine. ⟫⟶ Château du XVIIIᵉ s.

Aubervilliers, 14,310 h., c. de Saint-Denis. ⟫⟶ Église des XVᵉ et XVIᵉ s., but de pèlerinage à la Vierge.

Aulnay, com. de Châtenay.

Auteuil, com. réunie à Paris.

Bagneux, 1,509 h., c. de Sceaux. ⟫⟶ Belle église du XIIIᵉ s. — Monu-ment commémoratif du siège de Paris.

Bagnolet, 2,861 h., c. de Pantin.

Batignolles (Les), ancienne commune réunie à Paris.

Belleville, ancienne commune réunie à Paris.

Bercy, anc. com. réunie à Paris.

Bicêtre, *V.* Gentilly.

Billancourt, sur la rive dr. de la Seine, com. de Boulogne.

Bobigny, 972 h., c. de Pantin.

Bois-Colombes, com. de Colombes.

Bondy, 2,018 h., c. de Pantin.

Bonneuil, 417 h., c. de Charenton.

Boulogne, 21,556 h., c. de Neuilly, dans une presqu'île formée par un méandre de la Seine. ⟫⟶ Magnifique bois de Boulogne, appartenant à la Ville de Paris (*V.* ci-dessus, p. 100) ; champ de courses de Longchamp ; belles villas. — Belle église des XIVᵉ et XVᵉ s., fondée en même temps que la ville par des pèlerins revenus de Boulogne-sur-Mer, en 1319; on y lit encore l'épitaphe rimée de Nicolas Myette, l'un des fondateurs, décédé en 1558: la flèche et le portail sont modernes et conformes au style gothique de l'église.

Bourget (Le), 1,580 h., c. de Pantin. »»—→ Monuments commémoratifs des deux batailles du Bourget (29 octobre et 21 décembre 1870).

Bourg-la-Reine, 2,525 h., c. de Sceaux.

Bry-sur-Marne, 972 h., c. de Charenton. »»—→ Dans l'église, beau tableau de Daguerre représentant l'intérieur d'une église gothique. — Tombeau de Daguerre dans le cimetière.

Cachan, com. d'Arcueil.

Chapelle (La), com. réunie à Paris.

Carrières (Les), com. de Charenton.

Champigny, 2,815 h., c. de Charenton. »»—→ Église du xiii° s. — Monument des batailles du 30 novembre et du 2 décembre 1870, élevé sur une crypte renfermant les ossements des victimes de ces deux journées.

Charenton-le-Pont, ch.-l. de c. de 8,822 h., dans une charmante situation, à l'embouchure de la Marne.

Charenton-Saint-Maurice, V. Maurice (Saint-).

Charonne, com. réunie à Paris.

Châtenay, 982 h., c. de Sceaux. »»—→ A Aulnay, maison construite par Châteaubriant, dans la belle vallée aux Loups. — Magnifiques châtaigniers de Robinson.

Châtillon, 2,080 h., c. de Sceaux.

Chevilly, 526 h., c. de Villejuif.

Choisy-le-Roi, 5,821 h., ville du c. de Villejuif. »»—→ Restes d'un château bâti par Louis XV.

Clamart, 5,640 h., c. de Sceaux. »»—→ Église du xv° s.

Clichy-la-Garenne, 17,554 h., c. de Neuilly.

Colombes, 6,640 h., c. de Courbevoie.

Conflans, com. de Charenton.

Courbevoie, 11,954 h., ch.-l. de c. de l'arrond. de Saint-Denis, sur la rive g. de la Seine. »»—→ Casernes du temps de Louis XV.

Courneuve (La), 926 h., c. de Saint-Denis.

Créteil, 2,955 h., c. de Charenton. »»—→ Église des xii° et xiii° s.; crypte du xi° s.

Denis (Saint-), 34,908 h., ch.-l. d'arrond. et place forte, sur la rive dr. de la Seine et à l'embouchure du Crould. »»—→ *Église paroissiale*, bâtie de 1864 à 1868 par le célèbre architecte Viollet-le-Duc.—De la puissante *abbaye*, fondée par Dagobert (V. ci-dessus, *Histoire*), il reste les bâtiments conventuels, reconstruits au xviii° s., et l'*église*, somptueux monument des xii° et xiii° s., jadis consacré aux sépultures des rois de France. Sous le chœur s'étend une vaste crypte dont une partie remonte à Pépin le Bref ou à Charlemagne. Elle renferme deux sarcophages mérovingiens, plusieurs tombeaux des xiii° et xiv° s., et les sculptures qui devaient orner les monuments des rois de la branche des Bourbons. On remarque surtout les magnifiques statues en marbre de Louis XIV, de Louis XVI, de Marie Leczinska, et les quatre grandes statues allégoriques, également en marbre, qui étaient destinées au tombeau du duc de Berry, fils de Charles X. L'église supérieure, longue de 108 mèt., haute sous voûte de 29 mèt., comprend: une façade flanquée de deux tours dont la plus belle a été rasée; trois nefs en partie flanquées de chapelles; un transsept ou nef transversale avec deux portails et deux grandes roses, et un vaste chœur entouré de bas côtés et de chapelles. La façade, avec les piliers qui supportent les tours, une partie de la nef transversale, le bas côté et les chapelles du chœur remontent à la reconstruction ordonnée, de 1137 à 1144, par l'abbé Suger; le bas côté et les chapelles du chœur sont le plus ancien exemple connu de l'architecture dite gothique ou ogivale, qui succéda vers cette époque à l'architecture romane. Le reste de l'église fut rebâti de 1250 à 1270, aux frais du roi saint Louis, dans le style gothique le plus élégant. Les riches sculptures et les portes de bronze de la façade sont des reproductions modernes des ouvrages exécutés sous l'abbé Suger. Contre les croisillons formant le transsept s'appuient de chaque côté deux tours qui n'ont jamais été achevées. La nef, le transsept et l'entrée du chœur renferment les sépultures royales, dont la plus ancienne est la dalle tumulaire de Frédégonde, provenant de Saint-Germain-des-Prés. Les tombeaux des rois antérieurs à saint Louis furent refaits par les soins de ce prince, en même temps que le corps de l'église ; le plus remarquable est celui de Dagobert, de forme étrange, où l'on remarque le bas-relief représentant le Jugement de ce roi au tribunal de Dieu, sa statue de grandeur naturelle, et celle de sa femme Nanthilde, qui passe pour un chef-d'œuvre. Les tombeaux des rois et des princes capétiens, presque tous refaits d'ailleurs, n'offrent rien de bien particulier jusqu'à Louis XII, excepté le mausolée de Louis d'Orléans († 1407) et de Valentine de Milan, exécuté, avec ses statues et ses statuettes, à l'époque de la Renaissance. Le mausolée de Louis XII et d'Anne de Bretagne, un des plus beaux ouvrages de cette même époque de la Renaissance, fut exécuté à Tours par Jean Juste. Au-dessus du soubassement, orné de bas-reliefs, s'élèvent douze arcades abritant douze grandes statues d'Apôtres et couvrant le sarcophage, où le roi et la reine sont représentés dans l'attitude de la mort. Les statues agenouillées des mêmes personnages couronnent le monument. Le tombeau de François Iᵉʳ, exécuté par plusieurs sculpteurs sur les dessins de Philippe Delorme, est orné de bas-reliefs relatifs à la vie militaire de ce prince et surmonté de sa statue, de la statue de sa femme et de celles de trois de leurs enfants. Le cœur de François Iᵉʳ est renfermé dans un vase de marbre blanc posé sur un piédestal à côté du mausolée ; ce petit monument est lui-même un spécimen remarquable de la sculpture du XVIᵉ s. Le tombeau d'Henri II et de Catherine de Médicis est l'œuvre capitale du célèbre sculpteur Germain Pilon ; il se compose de douze colonnes élevées sur un soubassement et supportant les statues agenouillées, en bronze, du roi et de la reine, qui sont en outre représentés couchés sur le sarcophage. Aux quatre angles sont placées de ravissantes statues de bronze figurant les Vertus cardinales. Les sépultures royales ayant été violées en 1793 et les restes qu'elles renfermaient brûlés ou jetés à la voirie, toutes sont vides ; la plupart même ont été rétablies tant bien que mal, au moyen de fragments provenant du musée fondé à Paris, sous la Convention, pour préserver de la destruction les antiquités nationales. Beaucoup de statues sont modernes ou sont composées de pièces enlevées à des statues représentant d'autres personnages que ceux dont elles portent les noms aujourd'hui ; seuls, les grands mausolées sont demeurés à peu près intacts. Outre les tombeaux, l'église renferme des inscriptions et des ex-voto du moyen âge, et trois précieux vitraux remontant à l'époque de Suger. Dans la sacristie, dépouillée de ses trésors en 1793, on retrouve encore un devant d'autel en cuivre repoussé du XIIᵉ s., deux croix émaillées du temps de saint Louis, une petite châsse du XIIᵉ s., les couronnes des rois Louis XIV, Louis XV et Louis XVI, et divers autres objets ayant appartenu aux monarques français. Un chapitre d'évêques et de chanoines d'ordre inférieur remplace aujourd'hui les anciens moines de Saint-Denis. — Les bâtiments de l'abbaye sont occupés par la maison nationale de la Légion d'honneur, pensionnat fondé en 1804 par Napoléon Iᵉʳ pour l'éducation des filles des membres de la Légion d'honneur ayant le grade de capitaine ou une pension civile correspondant à ce grade.

Drancy, 446 h., c. de Pantin.

Dugny, 517 h., c. de Saint-Denis.

Épinay, 1,698 h., c. de Saint-Denis.

Fontenay-aux-Roses, 2,924 h., c. de Sceaux. ⟶ Belles villas ; charmants environs.

Fontenay-sous-Bois, 4,445 h., c. de Vincennes. ⟶ Église du XVᵉ s.; belles clefs de voûte.

Fresnes, 542 h., c. de Villejuif.

Gennevilliers, 2,389 h., c. de Courbevoie.

Gentilly, 10,578 h., c. de Villejuif.
➻ Immense et bel hospice de Bicêtre, renfermant plus de 2,500 lits pour les vieillards et les aliénés, dans une magnifique situation. — Fort de Bicêtre.

Grenelle, com. réunie à Paris.

Hay (L'), 671 h., c. de Villejuif.

Ile-Saint-Denis (L'), 1,550 h., c. de Saint-Denis.

Issy, 9,484 h., c. de Sceaux.

Ivry, 13,247 h., c. de Villejuif. ➻

Hospice des Incurables de la ville de Paris (2000 lits).

Joinville-le-Pont, 2,190 h., c. de Charenton.

Levallois-Perret, 22,744 h., c. de Neuilly.

Lilas (Les), 4,411 h., c. de Pantin.

Maisons-Alfort, 7,619 h., c. de Charenton. ➻ Église des xiie et xiiie s. — Belle école vétérinaire d'Alfort.

Mandé (Saint-), 7,499 h., c. de Vin-

Crypte de l'église canoniale de Saint-Denis.

cennes. ➻ Lac de Saint-Mandé (bois de Vincennes).

Maur (Saint-), 8,435 h., c. de Charenton. ➻ Église des xiie et xiiie s., ancien pèlerinage.

Maurice (Saint-), 4,577 h., c. de Charenton. ➻ Dans une admirable situation, sur des terrasses dominant la rive droite de la Marne, célèbre hospice d'aliénés, dit de Charenton, reconstruit en 1850. — Fort de Charenton.

Montmartre, com. réunie à Paris.

Montreuil, 13,607 h., c. de Vincennes. ➻ Église du xiie s.; beaux chapiteaux.

Montrouge, 6,571 h., c. de Sceaux. ➻ Fort de Montrouge.

Nanterre, 4,279 h., c. de Courbevoie.

Neuilly, ch.-l. de c. de 20,781 h., entre la rive droite de la Seine et l'enceinte bastionnée de Paris. ➻ Chapelle Saint-Ferdinand, sur le lieu où mourut le duc d'Orléans, fils aîné du roi Louis-Philippe.

Nogent-sur-Marne, 7,559 h., c. de Charenton. ⟶ Église des xiie et xiiie s.; clocher avec ancienne flèche en pierre. — Monument du peintre Watteau.

Noisy-le-Sec, 3,170 h., c. de Pantin.

Orly, 689 h., c. de Villejuif. ⟶ Église : chœur de la Renaissance.

Ouen (Saint-), 11,255 h., c. de Saint-Denis.

Pantin, 13,665 h., ch.-l. de c. de l'arrond. de Saint-Denis.

Paris [1]

SITUATION, SUPERFICIE, POPULATION. — Paris, chef-lieu du département de la Seine et capitale de la France, est la ville la plus belle de l'Europe, et après Londres la plus grande et la plus peuplée. Sa superficie est de 7,802 hectares, son périmètre de 35 kilomètres, sa population de deux millions d'âmes (1,988,806 h., en 1876). Elle occupe deux îles de la Seine et s'étend sur les plaines et les hauteurs des deux rives. C'est du haut de la colline de Montmartre et des Buttes-Chaumont que l'on découvre le mieux l'ensemble de l'agglomération parisienne, et encore du Mont-Valérien ou des hauteurs de Chatillon, de Bellevue et de Meudon, situées hors de la ville, à l'O.

LIMITES, FORTIFICATIONS. — Les limites de Paris sont déterminées par une *enceinte* continue, flanquée de bastions et bordée de fossés, construite en vertu d'une loi de 1840, et qui forme la première ligne du système de défense de la capitale. — En dehors et à une distance de 2 à 6 kilomètres de cette enceinte bastionnée furent construits, à la même époque, 18 forts détachés. Douze de ces forts occupent les hauteurs ou les plateaux de la rive dr. : la *Couronne de la Briche*, la *Double-Couronne du Nord* et le *fort de l'Est*, qui protègent Saint-Denis, entouré lui-même d'une enceinte; les *forts d'Aubervilliers, de Romainville, de Noisy, de Rosny, de Nogent, de Vincennes*, les

redoutes de la *Faisanderie* et de *Gravelle*, et le *fort de Charenton*, sur la rive g. de la Marne. Six *forts* occupent les hauteurs de la rive g., ce sont ceux *d'Ivry, de Bicêtre, de Montrouge, de Vanves, d'Issy* et *du Mont-Valérien*, le plus important de tous. — Une seconde ligne de 18 forts détachés a été établie, depuis la guerre de 1870, en avant de l'ancienne, à une distance de 6 à 20 kil. de l'enceinte bastionnée. Ces forts sont la plupart sur le territoire de Seine-et-Oise ou de Seine-et-Marne. Au nord et à l'est de Paris (rive dr.), ce sont les *forts de Cormeilles, de Domont, de Montlignon, de Montmorency, d'Écouen, de Stains, de Vaujours, de Villiers* et *de Villeneuve-Saint-Georges*; au sud et à l'ouest (rive g.), les *forts de la Butte-Chaumont, de Palaiseau, de Châtillon, de Villeras, du Haut-Buc, de Saint-Cyr, de Marly, de Sainte-Jamme* et *d'Aigremont*, auxquels il faut ajouter les trois fortins du bois *de Verrières*.

VOIES PUBLIQUES, BOULEVARDS, RUES, PLACES, QUAIS, PONTS, PROMENADES, FONTAINES, STATUES, MONUMENTS COMMÉMORATIFS. — Le plan général de Paris n'offre aucune régularité, mais les voies principales y sont distribuées dans un certain ordre, de manière à tempérer la confusion qui résulterait nécessairement d'un grand nombre de voies se croisant dans toutes les directions sur un tel espace. La ville est d'abord partagée en trois parties par le fleuve et ses quais : les îles de *la Cité* et *Saint-Louis*; le quartier de la *rive droite*, le plus étendu; celui de la *rive gauche*. Chacun de ces deux quartiers est, de son côté, divisé en trois zones concentriques. La première zone est déterminée, sur la rive g., par le *boulevard*

---

1. Parmi les innombrables curiosités que Paris renferme, nous ne pouvons signaler, on le conçoit, que les plus dignes d'attention; pour une énumération plus complète et une description plus détaillée, on devra recourir aux guides, tels que *Paris illustré* ou *Paris diamant*, publiés par la librairie Hachette.

Saint-Germain, sur la rive dr., par les boulevards *Henri IV*, *Beaumarchais*, *des Filles-du-Calvaire*, *du Temple*, *Saint-Martin*, *Saint-Denis*, *Bonne-Nouvelle*, *Poissonnière*, *Montmartre*, *des Italiens*, *des Capucines*, *de la Madeleine*, continués par la *rue Royale*, qui les relie à la place de la Concorde. Cette dernière ligne, dite les *Grands-Boulevards*, remonte en grande partie au temps de Louis XIII et marque le périmètre des anciennes fortifications. La seconde zone est déterminée par les anciens boulevards extérieurs qui sépa-

Statue d'Henri IV, sur le Pont-Neuf.

raient Paris des communes suburbaines, annexées en 1859. La troisième zone comprend ces communes annexées et s'étend jusqu'aux fortifications actuelles, que suit intérieurement une ligne continue de boulevards portant les noms de grands généraux. En outre, une belle voie, dite sur la rive droite *boulevards de Strasbourg* et *de Sébastopol*, dans la Cité *boulevard du Palais*, et sur la rive gauche *boulevard Saint-Michel*, divise intérieurement Paris du N. au S., comme la Seine le partage de l'E. à l'O. Enfin, de nombreux boulevards ou avenues et des rues importantes dégagent tous les quartiers, tous les monuments, et ne laissent nulle part des labyrinthes de petites rues d'où il ne soit facile de bientôt sortir. Parmi celles de ces voies qui ont été nouvellement percées, il convient de citer le *boulevard Haussmann*, le *boulevard Malesherbes*, et surtout l'*avenue de l'Opéra*, qui relie les deux premiers théâtres de Paris, l'Opéra et le Théâtre-Français. C'est dans cette avenue, ainsi que dans les *rues* voisines *de la Paix* et *de Rivoli* et sous les arcades du Palais-Royal, que se voient les plus beaux magasins de la capitale.

Vingt-sept ponts relient les deux rives de la Seine soit entre elles, soit avec les îles ; mais tous ne sont pas remarquables. Le plus célèbre, le *Pont-Neuf*, est aussi le plus long (229 mèt.), et, malgré son nom, le plus ancien. Il est divisé par la pointe d'aval de la Cité en deux sections, l'une de sept, l'autre de cinq arches. Commencé en 1578, il ne fut terminé qu'en 1604. Sur le terre-plein, entre les deux sections, se dresse la *statue* équestre *d'Henri IV*, en bronze, dont le piédestal est orné de bas-reliefs également en bronze. — Le *pont d'Auteuil*, un des plus modernes, est jeté sur la Seine au point où elle sort de Paris. Son aspect est des plus frappants, car il porte lui-même un magnifique viaduc sur lequel passe le chemin de fer de Ceinture. — Le *pont du Carrousel* ou *des Saints-Pères* mérite aussi d'être cité, moins pour sa beauté que pour le système particulier de sa construction. Ses arcades en fer sont reliées au tablier par des arcades ou des cercles également en fer, et tout cet ensemble, percé à jour et de la plus grande élasticité, se maintient par les poussées et les résistances réciproques des diverses courbes. Ce système, dû à l'ingénieur Polonceau, avait été déjà appliqué au moyen âge, autant que le permettait la différence des matériaux, dans les grandes roses en pierre des églises gothiques ; c'est ainsi que sont combinées les roses de Notre-Dame (*V.* ci-dessous, *Édifices religieux*).

La *place de la Bastille*, de forme circulaire, entoure la *colonne* en bronze dite *de Juillet*, haute de 47 mèt avec son piédestal et le génie ailé qui la surmonte ; ce monument commémoratif fut élevé de 1831 à 1840 en l'honneur des victimes de la révolution de Juillet 1830, près de l'emplacement de la forteresse de la Bastille. — La *place de la Bourse* encadre l'édifice de ce nom. — La *place du Carrousel*, entre le Louvre et les Tuileries, renferme l'*arc de triomphe du Carrousel*, dont les bas-reliefs rappellent les guerres du premier Empire, mais dont le couronnement, groupe équestre exécuté en 1828, personnifie la Restauration. — La *place du Châtelet*, entre le théâtre des Nations et celui du Châtelet, est orné d'une colonne-fontaine portant la statue dorée de la Victoire. — La *place de Clichy* est décorée du *monument du maréchal Moncey*, relatif à la défense de Paris en 1814 (*V.* p. 67). — La *place de la Concorde* est encadrée par le jardin des Tuileries, les Champs-Élysées, la rive dr. de la Seine et deux beaux édifices symétriques bâtis sous Louis XV et ornés de colonnades ; entre ces deux édifices, la rue Royale relie la place à l'église de la Madeleine et au boulevard du même nom, tandis qu'en face le pont de la Concorde la relie à la façade monumentale du Palais-Bourbon (Chambre des députés). Aux quatre angles sont huit statues assises, représentant huit villes de France ; au milieu, entre deux belles fontaines jaillissantes en fonte, se dresse, sur un piédestal moderne, l'*obélisque de Louqsor*, amené d'Égypte en 1852, et composé d'un seul bloc de pierre long de 25 mèt. A la sortie du jardin des Tuileries et à l'entrée des Champs-Élysées sont quatre groupes équestres, par Coysevox. — La *place de l'Étoile*, immense rond-point, rayonne autour de l'*arc de triomphe de l'Étoile*, bâti pour immortaliser les victoires de la République et de l'Empire. Ce monument, le plus grand de tous en son genre, a 45 mèt. de larg., 20 de profondeur et près de 50 de haut.; le grand arc à lui seul mesure 29 mèt. sous clef. Un long bas-relief formant la frise, six bas-re-

Place de la Concorde.

liefs encadrés et quatre groupes de dimensions colossales décorent cette masse ; parmi les quatre groupes il en est un qui compte parmi les grands chefs-d'œuvre de la sculpture moderne : c'est le *Départ* pour la guerre, à la voix de la Patrie, sculpté par Rude en 1836. — La *place de la Nation* ou *du Trône* est dominée par deux hautes colonnes de pierre portant les statues de Philippe

Arc de triomphe de l'Étoile.

Auguste et de saint Louis. — La *place du Parvis-Notre-Dame* s'étend entre la façade de la cathédrale, l'Hôtel-Dieu, les casernes de la Cité et la Seine; la *statue* colossale *de Charlemagne*, groupe équestre en fonte, doit y être érigée.

La *place de la République* ou *du Château-d'Eau*, entre les boulevards Saint-Martin et du Temple, est ornée de la *statue* colossale en bronze *de la Ré-*

Grande avenue des Champs-Élysées.

publique, par Morice. — La *place Saint-Sulpice*, bordée d'un côté par la façade imposante de Saint-Sulpice, d'un autre par le grand séminaire, est ornée au centre d'une belle fontaine en pierre (1847) avec les statues assises des quatre grands orateurs chrétiens du XVIIe s.: Bossuet, Fénelon, Massillon et Fléchier. — La *place Vendôme* est bordée de constructions symétriques du temps de Louis XIV; au centre se dresse la *colonne Vendôme* (43 mèt. de hauteur), en bronze, surmontée de la statue de Napoléon Ier et couverte d'un bas-relief en spirale rappelant les victoires du premier Empire. — La *place des Victoires*, ronde, bordée de façades uniformes, est ornée de la *statue équestre de Louis XIV*, par Bosio. — La *place des Vosges*, ou *Royale*, est curieuse par les maisons qui l'entourent, toutes du temps de Louis XIII, et formant une galerie continue au rez-de-chaussée; au centre s'élève la *statue de Louis XIII*.

Les plus belles promenades de Paris sont à l'extérieur de la ville: ce sont le *bois de Vincennes* (921 hectares) et surtout celui *de Boulogne* (875 hectares), décrits ci-dessus, page 100. Au bois de Boulogne se rattache le *jardin d'Acclimatation*, (collections variées d'animaux; aquarium; chenil; belles serres abritant les plantes et les oiseaux des tropiques; pigeonnier).

Le *jardin des Tuileries*, dessiné par Le Nôtre en 1665, est une des plus anciennes promenades intérieures; il s'étend sur une longueur de 702 mèt. et une largeur de 317 (50 hectares environ), entre l'ancienne façade des Tuileries et la place de la Concorde: superbe jet d'eau; dans les parterres, bassins de marbre; statues et groupes sculptés par les Coustou, Lepautre, Bosio, et les plus célèbres artistes modernes. — Au delà de la place de la Concorde, les *Champs-Élysées* se composent d'une grande avenue principale et de contre-allées, de charmantes pelouses et de frais massifs qui encadrent des fontaines jaillissantes. On y remarque de nombreux restaurants, des cafés-concerts, le Cirque d'été, des théâtres d'enfants et le palais de l'Industrie. — Le *jardin du Luxembourg* comprend l'ancien jardin, remanié, que Marie de Médicis avait joint à son palais, et de nouveaux jardins établis depuis la Révolution, sur l'emplacement du monastère des Chartreux: grand bassin; belle fontaine de Médicis, construite au XVIIe s. par Jacques Debrosse, et offrant dans sa niche centrale Polyphème prêt à écraser sous un rocher Acis et Galatée; au revers, la métamorphose de Jupiter en cygne. Nombreuses statues; les principales, disposées en fer à cheval au-dessus des terrasses autour du grand bassin, représentent des femmes illustres de France; d'autres sont imitées de l'antique. Les serres, fort remarquables, contiennent 25,000 plantes. Entre le jardin et le carrefour de l'Observatoire se prolongent deux parterres ornés de vases et de statues, et aboutissant à la *fontaine de l'Observatoire*, dont les quatre statues, représentant les Parties du monde et soutenant une sphère cosmographique, ont été coulées en fonte sur les modèles de Carpeaux. — Le *parc Monceau* renferme d'agréables pelouses, de petits lacs avec une cascade artificielle, des ponts, un tombeau, des statues modernes et une grande partie de la colonnade qui devait former à Saint-Denis le mausolée de Catherine de Médicis. — Le *parc de Montsouris* (16 hectares), que traverse en tranchée le chemin de fer de Sceaux, est très accidenté et offre de magnifiques pelouses, des ponts et une grotte en rocaille, un grand lac, et, dans la partie la plus élevée, un *observatoire météorologique*, installé dans une élégante construction qui reproduit une maison du bey de Tunis et qui a figuré à l'Exposition universelle de 1867. — Les *Buttes-Chaumont* (22 hectares), la plus pittoresque des promenades intérieures de Paris, comprennent: deux buttes de 83 et de 101 mèt. d'altitude, d'où la vue sur Paris est magnifique; une belle cascade tombant au fond d'une grotte; des torrents, des ponts rustiques et un vaste lac du sein duquel s'élance, à une hauteur de 50 mèt., un piton rocheux qui porte à son som-

Tour et square Saint-Jacques-la-Boucherie.

met une reproduction très exacte du fameux temple romain dit de la Sibylle, à Tivoli (Italie). — Le *Jardin des Plantes*, outre ses collections zoologiques et botaniques (*V.* ci-dessous, *Établissements et collections scientifiques*), offre un agréable but de promenade ; on y remarque deux magnifiques allées de tilleuls, une allée de marronniers, et, à l'extrémité occidentale, deux buttes dont la plus élevée est accessible par des sentiers tracés en labyrinthe et surmontée d'un belvédère

Les principaux squares sont : — le *square Saint-Jacques*, au milieu duquel s'élève la *tour Saint-Jacques-la-Boucherie*, somptueuse construction du xve s., haute de 52 mèt., reste de l'église de ce nom, et renfermant une statue moderne de Pascal, qui fit du haut de la tour Saint-Jacques des expériences sur la pesanteur ; — le *square des Innocents*

Porte Saint-Denis.

(*fontaine des Innocents*, dont les dispositions générales ont changé depuis le xvie s., mais qui a conservé encore presque intactes les admirables sculptures de Jean Goujon) ; — le *square du Conservatoire des Arts et Métiers* (bassins ornés de figures en bronze ; colonne en granit du Jura supportant une statue de la Victoire) ; — le *square du Temple* (beau saule pleureur, âgé, dit-on, de quatre siècles ; petite cascade ; statue en bronze) ; — le *square Montholon*, orné d'un groupe en bronze (par Mercié), faisant allusion à la guerre de 1870 ; — le *square de la place Louvois* (fontaine due à Visconti) ; —. le *square Monge* (statue de Voltaire), etc.

Outre les statues, fontaines, monuments commémoratifs, placés dans les promenades ou sur les principales places. nous devons signaler : la *statue du maréchal Ney*, par Rude, érigée sur

Abside de Notre-Dame.

l'emplacement (près du carrefour de l'Observatoire) où Ney fut exécuté, en 1815 ; — la *statue de Ledru-Rollin*, place Voltaire ; — la *statue* équestre *de Jeanne d'Arc*, sur la place de Rivoli ou des Pyramides ; — la *porte Saint-Denis* et la *porte Saint-Martin*, arcs de triomphe élevés en l'honneur des victoires de Louis XIV, avec inscriptions et bas-reliefs (la porte Saint-Denis a été sculptée par le célèbre Michel Anguier) ; — la *fontaine de Notre-Dame*, pyramide moderne, de style gothique, élevée derrière la cathédrale ; — la *fontaine Saint-Michel*, construite sous Napoléon III, à l'origine du boulevard Saint-Michel ; — la *fontaine Molière*, avec la statue assise de cet écrivain, à l'angle des rues Richelieu et Molière ; — la *fontaine Cuvier*, en face de l'entrée occidentale du Jardin des Plantes ; — la *fontaine de la rue de Grenelle*, sculptée par Bouchardon en 1739 ; — la *fontaine Gaillon*, au carrefour de ce nom, dessinée par Visconti ; — la *fontaine de l'Arbre-Sec*, construite en 1775, par Soufflot, à l'angle des rues Saint-Honoré et de l'Arbre-Sec ; — les *fontaines de la place du Théâtre-Français*.

ÉDIFICES RELIGIEUX. — *Notre-Dame*, bâtie de 1163 à 1225 par les évêques Maurice et Eudes de Sully, Pierre de Nemours et Guillaume de Seignelay, complétée et remaniée au XIII° s., mutilée aux XVII° et XVIII° s., restaurée de 1846 à 1879 par Viollet-le-Duc, est une des plus belles cathédrales gothiques et de toutes la plus populaire. Elle s'élève à l'extrémité orientale de la Cité, sur l'emplacement de trois petites églises, qui remplaçaient elles-mêmes le temple national des antiques Parisiens. Composée de cinq nefs avec tribunes, entourées de vingt-neuf chapelles et coupées par un transsept dont la longueur dépasse à peine les murs latéraux, elle mesure 130 mèt. de long., 50 de larg. et 33 à 34 mèt. (cent pieds) de haut., sous les clefs des grandes voûtes. Au centre se dresse une flèche en plomb, œuvre de Viollet-le-Duc, haute de 95 mèt. au-dessous du sol. La façade, justement admirée, comprend trois portes, une ga-

lerie ornée des statues modernes des rois de Juda, ancêtres de la Vierge, trois immenses arcades dont celle du centre encadre une magnifique rose, une haute galerie à jour et deux tours (68 mèt. de haut.), dont l'une renferme un bourdon de 13,000 kilogr. La porte centrale présente : au soubassement, dans des médaillons, des allégories des vices et des vertus ; dans la partie moyenne, les statues des Apôtres, les cinq Vierges sages et les cinq Vierges folles ; dans la partie supérieure, la scène du Jugement dernier, à laquelle assistent des anges et des saints rangés dans les voussures. La porte de dr. ou de Saint-Marcel, composée en partie de fragments plus anciens que la façade, est ornée de statues représentant au milieu saint Marcel, évêque de Paris, sur les côtés la reine de Saba, deux rois de l'Ancien Testament, saint Pierre, saint Paul, David, Bethsabée et Salomon ; au tympan sont des scènes diverses empruntées soit à la vie de sainte Anne ou de la Vierge, soit à l'histoire du roi Louis VII. Le portail de g., consacré à la Vierge, est un des principaux chefs-d'œuvre de l'art français. Les arcatures qui en supportent les statues (Constantin, saint Denis entre deux anges, saint Jean-Baptiste, saint Étienne, sainte Geneviève et le pape saint Sylvestre) renferment des sculptures d'ornement et des bas-reliefs dégradés ; aux piédroits intérieurs sont les signes du Zodiaque, au tympan des Prophètes et les trois scènes de la Mort de la Vierge, de ses Funérailles et de son Couronnement. La plupart des statues des portails et celles qui ornent les autres parties de la façade sont modernes mais parfaitement imitées du XIII° s. ; les anciennes avaient été détruites à la Révolution ou se trouvaient trop mutilées pour être conservées. Les portails du transsept n'ont pas encore recouvré leurs statues ; mais les bas-reliefs en sont très curieux ; au portail du S., consacré à saint Étienne, on distingue des scènes de la vie des étudiants à Paris au temps de saint Louis. Une magnifique rose surmonte chacun de ces deux portails. A l'intérieur, on remarque : les verrières des

Intérieur de l'église Saint-Étienne-du-Mont.

trois grandes roses; le groupe en marbre relatif au vœu de Louis XIII (vœu consacrant la France à la sainte Vierge), exécuté sous Louis XIV par les célèbres artistes Coustou et Coysevox; les restes de l'ancienne clôture du chœur (xiv° s.), où sont figurées avec une charmante naïveté des scènes de la vie du Christ; les boiseries du chœur, dues aux meilleurs menuisiers du xvii° s.; une peinture du xiv° s. (dans une chapelle au fond du chœur); une pierre tombale représentant un homme dévoré par les vers (xv°. s.), et quelques tombeaux d'évêques, la plupart modernes. Le trésor possède la Couronne d'épines, apportée de Constantinople par saint Louis, le fragment le plus considérable qui existe de la vraie Croix, et divers objets d'art ou des souvenirs se rapportant aux souverains français. La sacristie, ajoutée à la cathédrale par les architectes Lassus et Viollet-le-Duc, est une œuvre parfaite dans son style et dans ses proportions.

L'*église Saint-Ambroise*, bâtie de 1865 à 1869, dans un style roman assez pur, est dominée par deux flèches en pierre, hautes de 68 mèt. Les vitraux sont de Maréchal. — *L'Assomption* est une rotonde à coupole, de style disgracieux, bâtie de 1670 à 1676. — *Saint-Augustin* (1860-1868) offre un magnifique dôme, des sculptures, des peintures, des vitraux et des objets d'art remarquables. — *Saint-Bernard* (1858-1861), à la Chapelle, est une imitation réussie de l'architecture gothique du xv° s. — *Sainte-Clotilde*, décorée par les meilleurs artistes contemporains, est la reproduction un peu amaigrie d'une église du xiv° s; ses flèches dentelées ont 66 mèt. de haut. — *Saint-Étienne-du-Mont* (1517-1626) intéresse par sa façade originale du xvii° s., ses dispositions intérieures, son admirable jubé de pierre à doubles escaliers, ses anciens vitraux et sa chapelle de Sainte-Geneviève, renfermant le tombeau de la patronne de Paris; on y voit aussi les épitaphes de Racine, de Pascal et quelques peintures murales du xvi° s. — *Saint-Eustache* (1532-1642), singulière construction de la Renaissance dont les dispositions générales sont imitées des églises gothiques, a 104 mèt. de long. y compris sa façade inachevée; elle comprend cinq nefs très élancées et une ceinture complète de chapelles dont plusieurs conservent des peintures très remarquables du xvii° s. Les hauts vitraux du chœur sont attribués au peintre Philippe de Champaigne; plusieurs toiles sont des œuvres de maîtres; la statue de la Vierge de la chapelle du chevet est de Pigalle; le tombeau de Colbert a été sculpté par Tuby et Coysevox. — *Sainte-Geneviève* ou *le Panthéon*, église commencée en 1764 par Louis XV sur les dessins de Soufflot, pour l'abbaye Sainte-Geneviève, consacrée par la Convention nationale aux hommes illustres, et depuis rendue au culte, a la forme d'une croix grecque, précédée d'une colonnade en portique dont le fronton renferme un immense bas-relief, chef-d'œuvre de David d'Angers, représentant *les grands hommes couronnés par la Patrie* (on y reconnaît Fénelon, Rousseau, Voltaire, Malesherbes, Mirabeau, Manuel, Carnot, La Fayette, Monge, Berthollet, Laplace, Cuvier, Bichat et le peintre L. David); au-dessous est l'inscription : Aux grands hommes la patrie reconnaissante. Le dôme est entouré lui-même d'une colonnade; la croix qui surmonte la lanterne est à 83 mèt. au-dessus du sol. Dans la crypte sont les tombeaux de Soufflot, de Rousseau, de Voltaire (sa statue a été sculptée par Houdon), de Lagrange, de Bougainville, du maréchal Lannes et de hauts dignitaires du premier Empire. — *Saint-Germain-des-Prés* est, avec un bâtiment du temps de Louis XIII appelé l'*Abbaye*, le seul reste important d'un illustre monastère. La nef, remaniée au xvii° s. et de nos jours, date du xi° s.; le chœur et le transsept furent consacrés en 1163 par le pape Alexandre III. L'intérieur renferme une Vierge du xiv° s., des tombeaux de guerriers dont le plus remarquable est celui de Jean-Casimir, roi de Pologne, une statue de saint François Xavier par Coustou le jeune, une fresque de Restout et un monument érigé à Hippolyte Flandrin.

Le Panthéon ou Sainte-Geneviève.

qui a exécuté, de 1842 à 1864, les admirables peintures représentant, dans la nef, plusieurs faits de l'Ancien Testament en regard de ceux du Nouveau Testament dont ils sont la figure; dans le chœur, les symboles des Évangélistes, les Prophètes, l'Entrée du Christ à Jérusalem et le Portement de la Croix. — *Saint-Germain-l'Auxerrois*, église gothique du XIIIᵉ au XVᵉ s., remaniée intérieurement au XVIIᵉ s. et restaurée de nos jours, offre une fa-

çade très curieuse avec des statues du XIIIᵉ s. (celles de la grande porte, dont l'une représente sainte Geneviève tenant à la main un cierge qu'un démon cherche à éteindre et qu'un ange se tient prêt à rallumer) et du XVᵉ s.; à droite est une tour moderne reliée d'un côté à l'église, de l'autre à la mairie du Iᵉʳ arrondissement. Les vitraux, tant anciens que modernes, sont généralement remarquables; le bénitier principal est une charmante sculpture

Église Saint-Germain-l'Auxerrois.

sur marbre; signalons en outre un Arbre de Jessé (arbre généalogique de la Vierge) sur pierre, du XIVᵉ s., un retable flamand à sujets, du XVᵉ s., et, parmi les épitaphes, celles des deux chanceliers d'Aligre, père et fils. — *Saint-Gervais-St-Protais* appartient au style gothique de la fin du XVᵉ s., moins la façade, ajoutée au XVIIᵉ s., par Jacques Debrosse, et qui est souvent citée comme un modèle de l'architecture dite classique. A l'intérieur, la cha

pelle de la Vierge, est couronnée d'une admirable clef pendante. Quelques-uns des anciens vitraux sont dus au célèbre Robert Pinaigrier ou à Jean Cousin, plus célèbre encore. Les chandeliers et la croix en bronze du maître-autel, du XVIIᵉ s., passent pour des chefs-d'œuvre; les stalles, sculptées, sont du XVIᵉ s.; parmi les peintures, la plus précieuse est un tableau à compartiments, représentant la Passion, et attribué à Albert Dürer, un des plus

Eglise Saint-Sulpice.

grands génies de l'Allemagne. Le tombeau de Michel Letellier, ministre de Louis XIV, orné de statues et de sculptures en marbre, est dans une chapelle du chœur. — L'église de Belleville, *Saint-Jean-Baptiste*, est, avec ses deux flèches, hautes de 58 mèt., une heureuse imitation du XIIIᵉ s., due à l'architecte Lassus. — *Saint-Jean-Saint-François* renferme une statue de saint François d'Assise, par Germain Pilon (XVIᵉ s.), une statue de saint Denis, par Jacques Sarrazin, et d'autres statues de marbre. — Le dôme de *Saint-Joseph des Carmes* fut le premier construit à Paris; à l'intérieur, la fresque de la coupole, représentant le prophète Élie, est due à Berthollet Flamaël. — *Saint-Julien-le-Pauvre*, dont la restauration est projetée, est du même temps et du même style que Notre-Dame. — *Saint-Laurent*, près de la gare de l'Est, offre une magnifique façade moderne. — *Saint-Louis-en-l'Ile* (XVIIᵉ s.) renferme des tableaux d'anciens maîtres, notamment d'Ant. Coypel et de Lemoine. — *La Madeleine*, qui devait être, sous Napoléon Iᵉʳ, le temple de la Victoire, doit à cette première destination sa forme de temple grec, entouré d'une colonnade d'ordre corinthien; sous la colonnade, des niches carrées renferment trente-quatre statues; au fronton, une sculpture colossale figure le Jugement dernier; les vantaux en bronze de la porte sont ornés de bas-reliefs relatifs au Décalogue. A l'intérieur, on remarque des sculptures ou des statues de Pradier, Ad. Moyne et Rude, une Assomption, groupe en marbre blanc, et des peintures relatives à sainte Madeleine. — *Sainte-Marguerite* renferme une peinture de Restout (saint Vincent de Paul) et une Descente de Croix sculptée d'après les dessins de Girardon. — A *Saint-Merry*, belle église gothique du XVIᵉ s., est conservée une précieuse collection d'anciens vitraux; parmi les tableaux, il en est deux de Noël et Ch. Coypel et un de Simon Vouet; parmi les fresques modernes, celles de Sébastien Cornu, consacrées à la B. Marie de l'Incarnation, sont les plus estimées. — *Saint-Nicolas-des-Champs*, près du Conservatoire des Arts et Métiers, église gothique et de la Renaissance, retaillée intérieurement au XVIIIᵉ s., renferme un orgue de Cliquot avec boiserie remarquable, des Anges adorateurs sculptés par Sarrazin, des toiles de S. Vouet (l'Assomption) et de Sébastien Bourdon (Descente de Croix). — *Saint-Nicolas-du-Chardonnet* (XVIIᵉ s.) renferme des ouvrages de Lebrun (tableaux ou sculptures exécutés d'après ses dessins), qui en fut aussi l'architecte; son tombeau et celui de sa mère, exécutés par Coysevox et Tuby, se trouvent dans les chapelles du chœur. — *Notre-Dame-de-la-Croix*, à Ménilmontant, a été bâtie de 1865 à 1870 dans le style roman; la flèche monumentale s'élève à une hauteur de 60 mèt. — *Notre-Dame-de-Lorette*, bâtie de 1824 à 1826 dans le style des basiliques romaines, est revêtue intérieurement de fresques remarquables par Orsel, Devéria, Couder, Perrin, etc. — *Notre-Dame-des-Victoires*, ancienne église d'Augustins (XVIIᵉ s.), est intérieurement couverte d'ex-voto et célèbre dans l'Europe entière par son pèlerinage à la Vierge, invoquée ici comme Refuge des pécheurs. Elle renferme le tombeau du musicien Lulli. Les toiles du chœur sont de C. Vanloo. — *Saint-Paul-Saint-Louis*, type du genre dit jésuite italien, offre une façade de proportions harmonieuses mais trop riche; au centre de l'église est une coupole; dans la nef sont les sépultures de Bourdaloue et du savant Huet, évêque d'Avranches. — *Saint-Philippe du Roule* (1769-1784) a la forme d'une basilique romaine. — *Saint-Pierre de Montmartre* est une petite église fort curieuse du XIIᵉ s., avec deux colonnes antiques. Le chœur ne sert plus au culte. — *Saint-Roch*, de style classique, vaste mais d'un aspect très froid, est riche en objets d'art des XVIIᵉ et XVIIIᵉ s.: tombeaux avec statues, bustes ou médaillons, de Maupertuis, de Corneille, de Lenôtre (par Coysevox aîné), de Mignard, de l'abbé de l'Épée (par Préault), du cardinal Dubois (par G. Coustou), du maréchal

Palais du Louvre.

de Créqui; statues par Coustou le jeune, Pradier; groupes par Michel Anguier et Falconet; toiles par Vien, Restout, Lethière, Simon Vouet, Sébastien Cornu, Philippe de Champaigne (?) et Largillière (?). — *Saint-Séverin*, des XIIIᵉ et XVᵉ s., a un portail provenant de Saint-Pierre-aux-Bœufs, église démolie; au bas de la tour est une ancienne horloge. L'intérieur présente des sculptures de Tuby et de Bridan, de beaux vitraux des XVᵉ et XVIᵉ s., et, parmi les peintures, des fresques de Paul et Hippolyte Flandrin. — *Saint-Sulpice*, bâtie de 1646 à 1749, moins les tours, est due principalement à l'architecte Servandoni. La façade, composée de deux portiques superposés et de deux tours inégales, hautes de 68 et de 73 mèt., est une des plus imposantes qui existent. Le vaisseau a 140 mèt. de long. et 33 mèt. de haut. sous voûte; on y remarque principalement : deux magnifiques coquillages servant de bénitiers; le grand bas-relief en bronze du maître-autel (le Christ parmi les Docteurs); la chapelle de la Vierge; une méridienne indiquant le vrai nord; une des plus belles orgues qui existent (5 claviers, 1 pédalier, 118 registres, 20 pédales de combinaison et 6,588 tuyaux); et, parmi les fresques, celles de la chapelle des Anges (la 1ʳᵉ de la nef, à dr.), d'Eug. Delacroix, et celles du transsept, quatre sujets hauts de 12 mèt., par Signol. Sous l'église, une vaste crypte bien éclairée renferme deux statues de Pradier. — *Saint-Thomas-d'Aquin* renferme des peintures de Lemoine et d'Ary Scheffer. — *La Trinité*, précédée d'un square orné des statues des Vertus théologales, a été construite de 1861 à 1867, dans un style rappelant la Renaissance, et décorée par les meilleurs artistes du second Empire : les sculptures par Carpeaux, Gumery, Bosio; les peintures sur émail par Balze; les fresques par Romain Cazes, Jobbé-Duval, Barrias, Ém. Lévy. — *Saint-Vincent-de-Paul* (1824-1844), dont la façade s'élève au sommet de belles rampes en amphithéâtre, présente sauf les deux tours la forme d'une basilique romaine. Le calvaire du maître-autel a été sculpté par Rude, les

stalles par Millet; les vitraux, les plus beaux de Paris, ont été exécutés par Maréchal sur les cartons d'Ingres et de Flandrin. Aux frises de la nef est peinte une longue série de saints et de saintes, chefs-d'œuvre d'Hippolyte Flandrin. — *L'église du Vœu* ou *du Sacré-Cœur* est en construction, sur les plans de Paul Abadie, au sommet de la butte Montmartre; les fondations et la crypte en sont fort curieuses. L'édifice supérieur, de style byzantin, sera surmonté d'une coupole haute de 60 mèt. et d'une tour de 80 mèt., imitée du clocher de Périgueux.

Pour les églises comprises dans les grands établissements civils, V. la notice de ces établissements.

Parmi les églises ou temples appartenant aux cultes dissidents, les plus remarquables sont : *l'Oratoire* (entre les rues de Rivoli et Saint-Honoré), au culte calviniste, ancienne église des Oratoriens, bâtie sous Louis XIII; — *Sainte-Marie* (rue Sainte-Antoine) et *Pentemont* (rue de Grenelle), au culte calviniste, anciennes chapelles de religieuses; — *l'église des Billettes*, au culte luthérien, ancienne église des Carmes, bâtie au XVIIᵉ s. et accompagnée d'un cloître gothique, — et un certain nombre d'églises indépendantes ou affectées aux cultes étrangers.

L'église russe est un beau monument byzantin à coupoles moscovites, bâti de 1859 à 1861; on y remarque à l'intérieur les peintures de l'iconostase ou clôture du chœur.

Les trois principales *synagogues* (temples israélites) sont celle de la rue Notre-Dame-de-Nazareth, par l'architecte Thierry (styles oriental et byzantin); celle de la rue de la Victoire, de style roman, dessinée par Aldrophe; la synagogue de la rue des Tournelles, due à l'architecte Vercollier, et à laquelle est attenant l'hôtel du grand-rabbin de Paris.

ÉDIFICES CIVILS. — Le *Louvre*, un des plus vastes et des beaux palais de l'Europe, commencé par François Iᵉʳ sur l'emplacement du Louvre de Philippe Auguste et de Charles V, continué par Henri II, Catherine de Médicis, Henri IV,

Palais du Luxembourg.

Louis XIII, Louis XIV et Napoléon Ier, achevé et réuni aux Tuileries par Napoléon III, se compose : 1° d'un carré de bâtiments entourant une cour intérieure pavée, de 120 mèt. de côté ; 2° deux galeries, se développant à l'O. en prolongement de deux des côtés du premier carré, doublées de chaque côté de bâtiments parallèles formant de longues ailes extérieures, et reliées intérieurement avec eux par des galeries transversales ; 3° de la continuation vers les Tuileries de ces mêmes tailes extérieures, formant de simples galeries. La longueur, de la colonnade orientale à l'arc du Carrousel, est de 540 mèt. ; les deux palais réunis ont une longueur de 685 mèt. Le côté E., extérieurement, est orné d'une colonnade célèbre, exécutée sous Louis XIV par Claude Perrault et formant le premier étage d'une façade longue de 167 mèt. sur 27 à 28 mèt. de haut. Les façades intérieures de la cour carrée sont les parties les plus estimées au point de vue de la sculpture ; elles datent d'Henri II à Louis XIII ; de ces façades, la plus belle est celle de l'O., élevée à la fin du règne de François Ier et sous Henri II par Pierre Lescot, avec la portion attenante de la façade S. C'est de ce côté que se trouvait le Louvre primitif, qui occupait seulement le quart de la cour carrée actuelle, et dont les fondations, retrouvées, ont été tracées sur le pavé par des lignes de marbre. Les principales sculptures sont de Paul Ponce, de Pierre Sarrazin et de Jean Goujon. Sur les autres façades de la même cour sont des sculptures de Ramey père et de Coustou jeune. Sous les pavillons du centre de chaque façade existent des passages voûtés à trois nefs ; le plus remarquable, celui de l'Horloge ou de Sully, au milieu de la façade O., donne accès à la cour ou place Napoléon III, que bordent au N. et au S. des portiques surmontés des statues des Français illustres. Ces portiques et les étages qui les surmontent datent en majeure partie de Napoléon III. Les longues ailes qui relient aux Tuileries le Louvre, dont elles augmentent considérablement la largeur, datent l'une,

celle du bord de l'eau, du temps d'Henri IV, qui voulut le premier réunir les deux palais, l'autre, celle de la rue de Rivoli ou du N., des règnes de Napoléon Ier et de Napoléon III. La première est la plus belle, malgré son manque d'unité, dû aux plans divers des artistes qui y ont successivement travaillé et aux embellissements exécutés de nos jours. Entre le Louvre et les Tuileries, elle est percée de trois arcades formant passages pour les piétons et les voitures ; c'est ce que l'on appelle le guichet des Saints-Pères, presque en face du pont du même nom ; au-dessus de l'arcade du milieu est le groupe en bronze de Mercié (1875) connu sous le nom du Génie des Arts. Sur la rue de Rivoli s'ouvre un autre guichet correspondant à celui des Saints-Pères, mais beaucoup moins monumental. La galerie du bord de l'eau est rattachée aux bâtiments de la cour carrée par une façade en retour d'équerre dite pavillon d'Henri IV et qui fut seulement achevée par ce prince. A l'intérieur du Louvre, on remarque principalement la galerie d'Apollon, une des plus belles de l'Europe, peinte par Lebrun, Callet, Lagrenée et Eug. Delacroix ; la grande galerie des tableaux, remarquable par sa longueur ; les cariatides de Jean Goujon qui ornent une salle du rez-de-chaussée ; et la décoration de diverses autres salles, sculptées par Michel Anguier, Simart, Chaudet, Duret, peintes par Fragonard, Prudhon, Couder, Alaux, Mauzaisse, Matout, Romanelli, etc. — Des *Tuileries*, bâties par Catherine de Médicis sur les plans de Philibert Delorme et de Jean Bullant, habitées par nos souverains depuis la Révolution, incendiées sous la Commune de 1871, il reste les ruines du pavillon central et les ailes latérales qui les relient au Louvre ; l'aile du N. a été bâtie par Napoléon Ier, celle du S. par Henri IV et Napoléon III, qui a ajouté une salle des États. A l'angle des ailes latérales et de l'ancien bâtiment principal détruit sont deux grands pavillons : celui de Marsan, au N., incendié en 1871 et reconstruit de 1872 à 1877 ; celui de Flore, au S., dû à l'architecte Ducerceau et somptueusement recon-

Nouvelle salle des Pas-Perdus, au Palais de Justice.

struit sous Napoléon III. — Le *palais de l'Élysée* (1718) est la résidence du président de la République. — Le *Palais-Royal*, bâti par Richelieu, qui y mourut, fut depuis Louis XIV généralement habité par les premiers princes du sang. Le conseil d'État y est installé depuis 1871. Autour du jardin, long de 225 mèt., sont d'immenses bâtiments uniformes reposant sur des portiques ou galeries, et que fit élever dans un but de spéculation le duc d'Orléans Philippe-Égalité; sur ces portiques donnent de splendides magasins. Le palais proprement dit renferme un magnifique escalier d'honneur (1763), dont la rampe est un chef-d'œuvre de serrurerie, et une grande salle peinte par Delaunay. Parmi les statues du jardin, qui est public, on remarque des copies d'après l'antique. — Le *palais du Luxembourg* ou *du Sénat*, construit par Jacques Debrosse pour Marie de Médicis, agrandi sous Louis-Philippe,

Hôtel de Cluny.

renferme des statues par Foyatier, Étex, Dumont, etc., et des peintures par Ph. de Champaigne (le Christ), et Eugène Delacroix. A côté est le *Petit-Luxembourg*, résidence du président du Sénat, et dont la chapelle, de la fin du XVIᵉ s., est d'une architecture très remarquable. — Le *Palais-Bourbon*, où siège la *Chambre des députés*, a été construit en 1722. La façade monumentale, sur le quai, avec colonnade et fronton, est ornée des statues de Thé- mis (par Houdon), de Minerve, de Sully, l'Hospital, d'Aguesseau et Colbert; dans le mur, aux côtés de la colonnade, sont des bas-reliefs de Rude et de Pradier; du côté de l'entrée principale, sur la place, sont d'autres statues ou sculptures, entre autres la statue de la Loi. L'intérieur a été décoré par les sculpteurs Duret, Pradier, Foyatier, Desprez, Coutant, Dumont, et les peintres Fragonard, Eugène Delacroix et Abel de Pujol. A côté du Pa-

L'Opéra.

lais-Bourbon est l'hôtel du président de la Chambre.

Le *Palais de Justice* est l'ancien palais primitif des rois de France dans la Cité. Reconstruit par saint Louis et Philippe le Bel, il servit dès ce dernier roi de résidence au Parlement et plus tard à d'autres corps judiciaires. Des travaux importants y furent exécutés sous Louis XIV, Louis XVI, Napoléon III, et de 1871 à 1881, après l'incendie allumé par la Commune. La cour principale ou orientale, sur le boulevard du Palais, est fermée par une grille du xviiie s., chef-d'œuvre de serrurerie, provenant d'un château d'Eure-et-Loir; les bâtiments qui l'entourent datent du xviiie s., ainsi que les façades en retour d'équerre sur le boulevard. Au-dessus de l'aile g. s'élève la *Sainte-Chapelle*, chef-d'œuvre de l'architecture gothique, composée de deux chapelles superposées bâties par saint Louis et dont la plus belle, celle du premier étage, renfermait jadis la Couronne d'épines. L'entrée de chaque salle est ornée de statues et de sculptures remarquables; les bas-reliefs de la porte supérieure représentent la Création du monde et les premières scènes de l'Ancien Testament; au centre est une belle Vierge. Les vitraux de la chapelle supérieure, presque tous du temps de saint Louis, et les peintures décoratives, refaites de nos jours, présentent un ensemble des plus harmonieux. La flèche, en plomb doré, est la reproduction moderne d'une aiguille du xve s. Du côté correspondant à la Ste-Chapelle est la salle des Pas-Perdus, œuvre de Jacques Debrosse (1622), reconstruite après l'incendie de 1871, divisée en deux nefs, et à laquelle est attenante a galerie des Merciers. Du côté opposé à la cour orientale est une façade de style grec, une des œuvres les plus considérables de l'art moderne, bâtie par Duc, de 1865 à 1870, et donnant accès à une autre salle des Pas-Perdus, vestibule des salles destinées à la justice criminelle. Sur les quais, au S., est la Préfecture de police (1871-1882); au N., une longue façade flanquée de trois tours rondes du xiiie s. (tours de César, de Montgommery et une troisième reconstruite) et d'une tour carrée (tour de l'Horloge, avec une horloge du temps d'Henri III, restaurée) formant l'angle de la façade N. et de celle de l'E. Dans cette partie du palais, qui renferme la *Conciergerie* et l'ancien cachot de Marie-Antoinette (un monument commémoratif y a été placé), sont conservées d'anciennes salles gothiques dont les plus remarquables sont les cuisines, avec quatre immenses cheminées, et la vaste salle des Gardes, à quatre nefs, au-dessous de la salle des Pas-Perdus de Debrosse. Parmi les objets d'art disséminés dans le palais, se trouve un curieux tableau de l'école flamande du xve s., provenant de l'ancien Parlement. — Le *Tribunal de commerce* (1860-1864), en face du Palais de Justice, est remarquable par son péristyle et son escalier intérieur. — Le *palais de la Légion d'honneur*, ancien hôtel de Salm, est une charmante construction du temps de Louis XVI, incendiée sous la Commune puis rebâtie. — Le *palais de l'Institut*, où siègent les cinq académies, est l'ancien collège des Quatre-Nations, bâti par Mazarin. Au centre s'élève une coupole; à l'intérieur sont des statues ou des bustes d'académiciens; la plus belle statue est celle de Voltaire, par Pigalle. — Le *palais de l'Industrie*, construit aux Champs-Élysées pour l'Exposition universelle de 1855, sert aux expositions annuelles de peinture, sculpture et d'architecture, connues sous le nom de Salons, et à différentes autres expositions. La nef intérieure vitrée à 192 mèt. de long., 48 de larg. et 35 de haut.; à l'extérieur, des médaillons représentent les principaux artistes français. — Le *palais du Trocadéro*, élevé pour l'Exposition universelle de 1878, comprend une rotonde centrale dominée par des tours hautes de 70 mèt., et d'où se détachent deux ailes latérales formant chacune un quart de cercle terminé par un pavillon. La rotonde, entourée d'une galerie extérieure, renferme la salle des fêtes, décorée de belles peintures de Lameire et dotée d'un orgue colossal. Au-dessous du palais s'étend un parc avec château d'eau.

Théâtre-Français.

Les ministères sont généralement peu remarquables ; on ne peut guère citer que le *ministère des affaires étrangères* (quai d'Orsay), construit en 1845 et restauré après l'incendie allumé par la Commune ; — celui *de la Guerre*, dont la façade sur le boulevard Saint-Germain a été construite de 1872 à 1876 ; — et celui *de la Marine*, hôtel construit sous Louis XV par Gabriel et formant, avec l'ancien hôtel Crillon, de même date et de même architecture, le côté N. de la place de la Concorde. Les colonnades de ces deux édifices rappellent celle du Louvre.

L'*hôtel de ville*, construit au XVIe s. dans le style de la Renaissance et agrandi des trois quarts sous Napoléon III, a été détruit par la Commune et rebâti de 1875 à 1882 par les architectes Ballue et Boucher de Perthes, à peu près dans le même style que l'ancien. — Les *mairies* sont la plupart modernes ; quelques-unes, comme celles des XIIe, VIIIe et IXe arrondissements, occupent des édifices du XVIIIe s., plus ou moins remaniés ; parmi les autres, les plus remarquables sont celles des IIe, IVe, XIe et XIIe arrondissements.

La *Banque de France*, ancien hôtel de la Vrillière, bâti par Mansart en 1620, agrandi de nos jours, a conservé de sa construction primitive une salle, dite la Galerie dorée, qui sert aux assemblées des actionnaires et forme extérieurement un angle soutenu par une trompe regardée comme un chef-d'œuvre. — La *Bourse*, remarquable par la colonnade qui l'entoure, aussi belle qu'incommode, a été bâtie de 1808 à 1827 par Brongniart. Aux angles sont quatre statues assises : celle de l'Industrie est de Pradier. A l'intérieur sont deux étages de galeries à arcades. — La *Monnaie* développe sur le quai Conti une façade monumentale de 120 mèt. de long., construite par l'architecte Antoine de 1768 à 1775. Au-dessus des six colonnes ioniques décorant la partie centrale sont autant de statues allégoriques, par Lecomte, Pigalle et Mouchy ; 24 colonnes doriques ornent la cour d'honneur ; au premier étage, la grande salle du musée monétaire est entourée de 20 colonnes ioniques supportant des tribunes. La force totale des machines à vapeur est de 52 chevaux. — L'*hôtel du Timbre* a été construit sous Napoléon III. — L'*hôtel des Postes* est en reconstruction. — La *manufacture des Tabacs* et celle des *Gobelins* n'offrent, comme construction, rien de remarquable. — L'*Imprimerie nationale*, ancien hôtel du cardinal de Rohan, fort intéressante à visiter au point de vue de l'art typographique, renferme l'exemplaire unique de la célèbre *Imitation de Jésus-Christ*, traduite par Corneille, qui remporta la grande médaille d'honneur à l'exposition de 1855.

HÔTELS PARTICULIERS, MAISONS HISTORIQUES OU CURIEUSES. — Les anciens hôtels les plus remarquables sont : — l'*hôtel de Beauvais* (rue François-Miron), construit par Lepautre ; — l'*hôtel de Béthune* (rue Saint-Antoine), construit pour Sully par l'architecte Ducerceau ; — l'*hôtel de Bourgogne*, dont il reste, rue aux Ours, une belle tour du XVe s., restaurée ; — l'*hôtel Carnavalet* (à l'angle des rues Sévigné et des Francs-Bourgeois), commencé en 1544, sur les dessins de Lescot et de Bullant, continué par Ducerceau, terminé par Fr. Mansart, habité de 1677 à 1696 par madame de Sévigné ; plusieurs sculptures sont de J. Goujon ; — l'*hôtel de Cluny* (rue du Sommerard, près du boulevard Saint-Michel), construit à la fin du XVe s. pour les abbés de Cluny (Saône-et-Loire), et dont on remarque la chapelle, d'une construction curieuse et hardie. A côté sont les ruines de l'ancien *palais de Julien* ou *palais des Thermes*, bâti, à ce que l'on croit, par Constance Chlore, habité par lui, par Julien et par Gratien, plus tard par Clovis, et dont la partie la mieux conservée, la salle des bains, est remarquable par l'ampleur et la hauteur de sa voûte ; — l'*hôtel de Hollande* (rue Vieille-du-Temple, 47), du XVIIe s. ; — l'*hôtel Lambert* (extrémité E. de l'île Saint-Louis), bâti par Levau (XVIIe s.), peint par Lebrun et Lesueur ; — l'*hôtel Lamoignon* (rue Pavée, 24, au

Galerie d'Apollon au Louvre.

Marais), des xvı⁰ et xvıı⁰ s.; — l'*hôtel Lavalette* (quai des Célestins), du temps d'Henri IV, très mutilé; — l'*hôtel de Matignon* (rue de Varennes, 55), construit sous Louis-Philippe par Brongniart; — l'*hôtel de Ninon de Lenclos* (boulevard Beaumarchais, 23), orné de belles peintures du xvıı⁰ s.; — l'*hôtel d'Ormesson* (rue Saint-Antoine, 212), bâti par Ducerceau; — l'*hôtel Pontalba* (faubourg Saint-Honoré), construit par Visconti; — l'*hôtel Saint-Aignan* (rue du Temple, 71), bâti par Lemuet (xvıı⁰ s.); — le *palais abbatial de Saint-Germain-des-Prés* (rue de l'Abbaye), belle construction du temps d'Henri IV; — l'*hôtel de Sens* (rue du Figuier), bel édifice gothique construit de 1475 à 1519 pour les archevêques de Sens; — l'*hôtel Thiers* (place Saint-Georges), reconstruit après la Commune, etc.

A l'angle des rues Vieille-du-Temple et des Francs-Bourgeois est la belle tourelle (xv⁰ s.) de l'ancien *hôtel Barbette*; — à l'angle de la maison n° 83 de la rue Saint-Denis, un *Arbre de Jessé* en bois, à 12 personnages, du xv⁰ s.; — rue Montmorency, 51, une maison de rapport bâtie au xv⁰ s. par Nicolas Flamel, et remarquable par l'inscription gravée au-dessus du rez-de-chaussée; — rue Hautefeuille, trois *tourelles* du xv⁰ s.; — à l'angle des rues Sainte-Anne et Neuve-des-Petits-Champs, la *maison de Lulli*; — cours la Reine, la *maison dite de François I⁰ʳ*, charmant édifice de la Renaissance, transporté de Moret (Seine-et-Marne); — des *maisons* des xvıı⁰ et xvııı⁰ s. dans le quartier du Marais et à l'île Saint-Louis; — des *maisons* du xvııı⁰ s., quais des Grands-Augustins et Voltaire; — la maison où est né Molière, rue Saint-Honoré, 96; — celle où est mort Voltaire, quai Voltaire, 23, etc.

THÉÂTRES. — L'*Opéra*, le plus beau théâtre du monde et l'une des merveilles de l'art moderne, a été construit de 1861 à 1875 par l'architecte Charles Garnier. On en admire surtout: la façade principale, décorée au rez-de-chaussée de statues ou de groupes allégoriques dont un (la Danse) de Car-peaux, au-dessus de fenêtres du premier étage, de bustes de musiciens célèbres, et de colonnes en marbres précieux; la coupole en retrait sur la façade et surmontant la grande salle; derrière la coupole, le grand fronton, sa frise monumentale et la statue qui le surmonte (*Apollon élevant sa lyre d'or*, par Millet); les façades latérales, coupées par des pavillons centraux, de forme cylindrique, et d'une disposition grandiose et ingénieuse; le grand vestibule, orné de statues; l'escalier, vrai chef-d'œuvre, avec arcades à plein cintre que coupent dans leur hauteur les balcons des couloirs des différents étages; le grand foyer, somptueusement orné de sculptures, de peintures (par Baudry) et de glaces, long de 54 mèt., large de 13, haut de 18; la salle, contenant 2,156 places, son beau lustre central et son plafond par Lenepveu. — La *Comédie-Française* ou *Théâtre-Français*, à côté du Palais-Royal, a eu pour architecte le célèbre Louis (vers 1782); à l'intérieur on remarque, dans le foyer, la statue de Voltaire, par Houdon, et les bustes des principaux auteurs qui ont écrit pour le Théâtre-Français. — L'*Odéon* ou second Théâtre-Français, avec péristyle et galeries voûtées, date de 1818; — l'*Opéra-Comique*, de 1858. — Les théâtres non subventionnés les plus remarquables sont: le *Vaudeville* (1867-1869), demi-rotonde ornée de statues; le *Châtelet* (1860-1862); et le *théâtre des Nations* (1861-1862), faisant le pendant du Châtelet.

MUSÉES, COLLECTIONS. — Le *Musée du Louvre*, occupant la majeure partie du palais de ce nom, est, après le British-Museum de Londres, la collection d'art et d'archéologie la plus complète qui soit au monde. Il se divise en musées: 1° de peinture; 2° des dessins; 5° des gravures (la chalcographie); 4° de sculpture antique; 5° de sculpture du moyen âge et de la Renaissance; 6° de sculpture moderne française; 7° des antiquités assyriennes; 8° égyptien; 9° des antiquités égyptiennes; 10° des antiquités grecques et étrusques; 11° algérien; 12° de la marine; 13° eth-

Salle de travail, à la Bibliothèque nationale.

nographique; 14° des émaux et des bijoux; 15° Sauvageot; 16° céramique; 17° Campana; 18° La Caze.

1° Le *musée de peinture* comprend des tableaux des écoles française, italienne, espagnole, flamande, hollandaise et allemande. Les chefs-d'œuvre les plus estimés sont réunis dans une pièce spéciale, dite, à cause de la forme, le Salon carré. On y remarque, pour l'école française : le Christ mort et deux portraits, par *Philippe de Champaigne* (ce peintre est souvent classé dans l'école flamande); un portrait par *Clouet* (xvi° s.); Œdipe devant le Sphinx, par *Ingres*; une Descente de Croix de *Jouvenet*; l'Apparition de sainte Scolastique à saint Benoît, par *Lesueur*; deux paysages de *Claude le Lorrain*; le portrait de *Nicolas Poussin* et deux tableaux du même artiste figurant Diogène et la Résurrection d'une jeune fille japonaise par saint François Xavier; un portrait de Bossuet, par *Rigaud*; un Concert, de *Valentin*; — pour l'école italienne : la Sépulture du Christ, par le *Bassan*; la Résurrection et la Vierge avec saint Luc et sainte Catherine, par *Annibal Carrache*; le Sommeil d'Antiope et le Mariage mystique de sainte Catherine, par *le Corrège*; la Nativité, par *Francia*; la Visitation, par *Ghirlandajo*; les Saints protecteurs de Modène et la Résurrection de Lazare, per *le Guerchin*; l'Enlèvement de Déjanire, par *le Guide*; Tête d'homme, par *Antonello de Messine*; Vierge entourée de saintes et d'anges, par *le Pérugin*; la Visitation, par *Sébastiano del Piombo*; l'Abondance, deux Sainte Famille, la Vierge dite la Belle Jardinière, la Vierge au voile, deux Saint Michel, Saint Georges, par Raphaël; Sainte Famille, par *Andrea del Sarto*; Suzanne au bain, par *le Tintoret*; la Mise au tombeau, Femme à sa toilette, par *le Titien*; les Noces de Cana, le Repas chez Simon le Pharisien, Jupiter foudroyant les crimes, par *Paul Véronèse*; la célèbre Joconde de *Léonard de Vinci*; — pour l'école espagnole : une Sainte Famille et l'Immaculée-Conception de *Murillo*; — pour les écoles flamande, hollandaise et alle-

mande : la Femme hydropique, par *Gérard Dow*; un portrait du roi Charles Ier d'Angleterre, par *Van Dyck*; la Vierge au donateur, par *Van Eyck*; des portraits d'Érasme et d'Anne de Clèves, par *Holbein*; l'Enfance de Jupiter, par *Jordaëns*; la Vierge aux donateurs, Saint Jean-Baptiste et Sainte Madeleine, par *Memling*; Militaire recevant une jeune dame, par *Metzu*; le Maître d'école, par *Adrien van Ostade*; le Ménage du menuisier et portrait de femme, par *Rembrandt*; Thomyris plongeant la tête de Cyrus dans un vase rempli de sang, par *Rubens*; le Militaire galant, par *Terburg*. — Nous devons signaler en outre, parmi les artistes dont les œuvres sont exposées dans les autres salles : pour l'école française (un salon carré spécial renferme les principaux chefs-d'œuvre de nos peintres) Ph. de Champaigne, Courtois (le Bourguignon), les Coypel, David, Decamps, Delacroix, Delaroche, Flandrin, Géricault, Granet, Greuze, Ingres, Jouvenet, Ch. Lebrun (notamment les Batailles d'Alexandre), Mme Lebrun (Élisabeth Vigée), Lesueur, Lethière, Claude le Lorrain, Van der Meulen, Mignard, Poussin, Prudhon, H. Regnault, Restout, Rigaud, Ary Scheffer, Troyon, Claude-Joseph Vernet; — pour l'école italienne : Bellini, Carpaccio, Annibal Carrache, Cima da Conegliano, Cimabue (xiii° s.), P. de Cortone, le Dominiquin, Angelico de Fiesole (fresques), Ghirlandajo, le Giorgion, le Guerchin, le Guide, Lippi, Luini (fresques), Mantegna, Palma le Vieux, Panini, le Pérugin, Raphaël (la fresque de la Magliana et six tableaux), A. del Sarto, le Titien, Paul Véronèse, Léonard de Vinci; — pour l'école espagnole : Goya, Murillo, Ribera, Velasquez et Zurbaran; — pour l'école flamande : Berghem, G. Dow, Van Dyck, Holbein, Pieter de Hoogh, Jordaëns, Metzu, Adrien et Isaac van Ostade, Neefs, Rembrandt, Rubens (notamment la collection de l'Histoire allégorique de Marie de Médicis, peinte par ordre de cette reine pour le palais du Luxembourg); Ruysdaël, Téniers, Terburg et Wouwermans.

2° Le *musée des dessins* comprend

des cartons de Jules Romain et d'autres peintres italiens ; des pastels, des ébauches, par exemple celle du Serment du Jeu-de-Paume, par David; des dessins de presque tous les peintres et sculpteurs français, de la plupart des artistes italiens et de plusieurs peintres flamands ou hollandais. — 5° Le musée de chalcographie (de gravure) est riche de 5,000 gravures environ, reproduisant notamment les œuvres de Lebrun, de Poussin, de Van der Meulen. de Rubens, de Van Dyck, etc.

— 4° Le musée de sculpture antique possède, entre autres ouvrages grecs et romains : la Vénus de Milo, malheureusement privée de ses bras, trouvée dans l'ile de Milo en 1820 ; d'autres Vénus dont quelques-unes sont fort belles notamment celle dite d'Arles : un magnifique Jupiter ; la Pallas de Velletri ; plusieurs statues remarquables de Bacchus et d'Apollon ; la Diane de Gabies ; Diane à la Biche, apportée en France sous François Ier ; une Melpomène colossale ; un groupe colossal

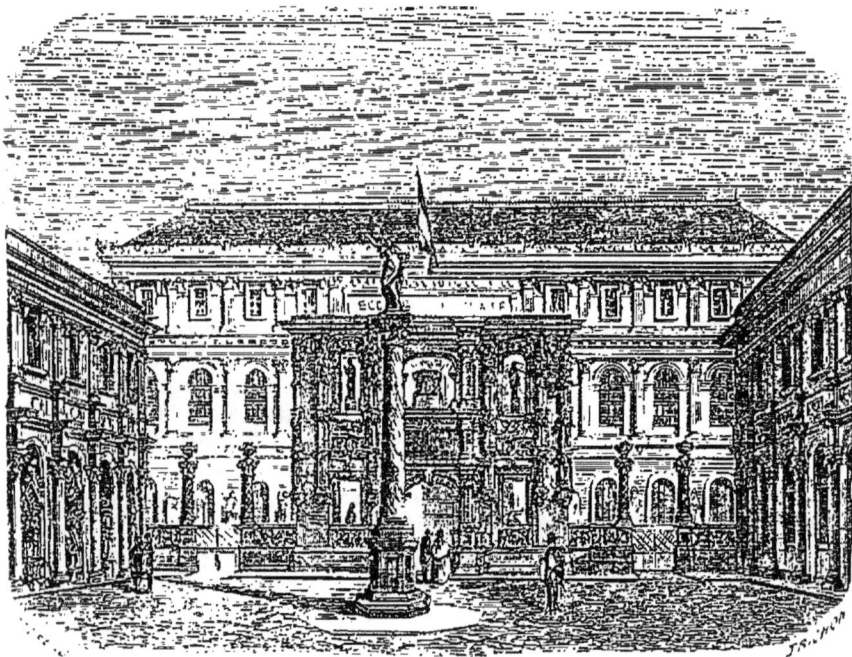

Cour du palais des Beaux-Arts.

représentant le Tibre ; le Gladiateur combattant : une Victoire ; un groupe d'Hercule et Télèphe ; Psyché ; des fragments considérables des sculptures du Parthénon (par Phidias) et des temples grecs les plus anciens Magnésie, Thasos, Milet, etc.) ; des statues et des bas-reliefs en bronze, reproductions modernes des œuvres antiques les plus célèbres qui sont à l'étranger ; des bustes ; des autels, des sarcophages, des vases en pierre, des bases de candélabres, des fragments d'architec-

ture, etc.; et une importante collection de statues ou de bustes originaux des empereurs romains, de leurs officiers ou des membres de leurs familles. — 5° Le musée de sculpture du moyen âge et de la Renaissance renferme des œuvres de Jean Goujon (les trois Grâces bas-reliefs) ; deux Esclaves, par Michel-Ange; des statues et des bas-reliefs de Michel Colomb, de François Anguier. A ce musée sont joints des monuments chrétiens des premiers siècles et des monuments judaïques, entre autres la célèbre *stèle* (épitaphe) de *Mésa*, contenant le récit des guerres de Moab contre Israël, à la mort d'Achab. — 6° Le *musée de sculpture moderne* comprend exclusivement des œuvres de sculpteurs français depuis Louis XIII, notamment de Puget, Girardon, Coysevox, Pigalle, Houdon, Chaudet, Cortot, Rude et David. — 7° Le *musée des antiquités assyriennes* a été formé, depuis 1847, des inscriptions cunéiformes, des sculptures et des fragments d'architecture trouvés dans les fouilles du palais de Ninive : on y remarque surtout de magnifiques taureaux ailés à face humaine qui servaient à la décoration des portes. — 8° Le *musée égyptien*, fondé en 1826, comprend des statues de rois, de dieux ou déesses, des chapelles monolithes, des sarcophages, des représentations d'Apis, etc.; plusieurs objets proviennent des découvertes faites par Mariette-Bey dans le *Serapeum* de Memphis. — 9° Le *musée des antiquités égyptiennes*, seconde partie du musée égyptien, comprend les momies, les petits objets d'art ou de parure, les amulettes, et une inestimable collection de papyrus qui font connaître tout ce qui est relatif aux lois, au culte et aux mœurs. — 10° Le *musée des antiquités grecques et étrusques* ou *musée Charles X* renferme les produits les plus anciens de l'art de l'Italie, et ceux de l'art grec de tous les temps, des vases panathénaïques, des vases corinthiens, des terres cuites, etc. — 11° Le *musée algérien* est celui des antiquités romaines (notamment des inscriptions) trouvées en Algérie. — 12° Le *musée de la marine* ou *naval* comprend des modèles de vaisseaux et de leurs armements, des plans en reliefs de places maritimes, les débris du naufrage de Lapérouse, des bustes de marins célèbres, etc. — 13° Le *musée ethnographique* est particulièrement riche en objets chinois et hindous. — 14° Le *musée des émaux et des bijoux*, qui occupe plus spécialement la galerie d'Apollon, renferme des objets d'art, de commandement ou de toilette ayant appartenu aux souverains français, des verreries, des vases en cristal de roche, en jaspe, en sardoine et autres pierres précieuses, des ouvrages d'ivoire, des reliquaires du moyen âge et diverses pièces d'orfèvrerie. — 15° Le *musée Sauvageot* est formé de petits marbres, de terres cuites, de médaillons, de miniatures, de meubles, d'ustensiles, la plupart du moyen âge, donnés par le célèbre collectionneur Charles Sauvageot, mort en 1860. — 16° Le *musée céramique* renferme notamment des plats de Palissy, des faïences de Luca della Robbia, des faïences hispano-moresques, de Nevers, etc. — 17° Le *musée Campana*, ancienne collection de l'antiquaire romain de ce nom, mort en 1880, achetée en 1860 par Napoléon III, est un ensemble d'antiquités étrusques de la plus haute valeur, trouvées dans les nécropoles de l'Italie, des fresques romaines, un tombeau lydien, etc. — 18° Le *musée Lacaze*, donné en 1869 par l'amateur de ce nom, comprend des tableaux, presque tous de maîtres des xvii° et xviii° s.

A toutes ces collections il faut encore ajouter : — les *bronzes antiques*, asiatiques, grecs, romains et gaulois; — diverses *antiquités orientales*, trouvées en Asie; — les débris de l'ancien *musée des souverains*, comprenant des objets ayant appartenu aux monarques français, leurs portraits ou leurs statues; — les *petits bronzes*, depuis le xiv° s.

Le *Musée du Luxembourg*, dans le palais du Sénat, renferme les meilleures œuvres des sculpteurs et des peintres contemporains. — Le *Musée de Cluny*, installé dans l'ancien hôtel de ce nom et dans le palais des Thermes, est spécialement destiné au moyen âge et à la Renaissance, qui s'y trouvent représentés par une riche collection d'objets de toute sorte : fragments d'architecture (dans le jardin, et quelques cheminées et retables à l'intérieur), sculptures, peintures, tombes, vitraux, faïences, meubles, manuscrits, médailles, tissus, etc. Une salle renferme des voitures de gala du xviii° s. — Le *Musée Carnavalet*, à l'hôtel de ce nom, ne contient que des objets relatifs à

Hôtel-Dieu.

l'histoire de Paris. — Le *Musée d'artillerie*, à l'hôtel des Invalides, renferme non seulement des armes à feu, mais des armes et des armures de toute sorte et de tous les pays, tant anciennes que modernes. — Un *musée de sculpture comparée* et un *musée ethnographique* sont en formation dans le palais du Trocadéro, où se trouve déjà une belle collection d'antiquités cambodgiennes (*musée Khmer*).

ÉTABLISSEMENTS ET COLLECTIONS SCIENTIFIQUES. — Le *Jardin des Plantes*, ouvert au public en 1650, et renfermant des constructions des xviie et xviiie s., est riche en plantes indigènes ou exotiques, utiles ou d'ornement, terrestres ou aquatiques (13,000 espèces, 900 variétés d'arbres) ; on remarque parmi les arbres le premier cèdre du Liban planté en France (1754). L'orangerie ou grande serre tempérée est une construction en maçonnerie longue de 66 mèt. Les serres chaudes sont bâties de verre et de fer. Dans la *ménagerie* vivent un grand nombre d'animaux sauvages et étrangers ; on y remarque la loge des animaux féroces, la rotonde des grands mammifères (éléphants, hippopotames, rhinocéros, girafes) ; l'amphithéâtre des singes; la ménagerie des reptiles, construite en 1875, et la grande volière. De grands bâtiments, dont le plus important date de 1876 à 1881, renferment le *muséum d'histoire naturelle* proprement dit : squelettes, animaux empaillés ou conservés dans l'alcool ; végétaux également conservés dans l'alcool ; minéraux (plus de 200,000 échantillons; la galerie qui les renferme est ornée d'une statue de Cuvier, par David). Les collections du Jardin des Plantes, pour ce qui concerne seulement la zoologie, comprennent environ 6,000 mammifères, 900 individus primates, 900 carnassiers, 1,800 rongeurs, 800 ruminants et 1,600 animaux divers. Les oiseaux sont représentés par 22,000 individus : 1,500 rapaces, 900 perroquets, 14,000 passereaux, 2,300 gallinacés et colombes, 1,800 échassiers, 1,700 palmipèdes. Des cours publics d'histoire naturelle (17 chaires)

sont joints au Muséum, dont la bibliothèque renferme 80,000 volumes.

Le *Conservatoire des Arts et Métiers*, ou musée des sciences et des arts appliqués à l'industrie, occupe les bâtiments, la plupart reconstruits (1845-1881), de l'ancien prieuré de Saint-Martin-des-Champs, dont il reste encore le réfectoire du xiiie s., admirable par la légèreté de ses colonnettes, et l'église, des xiie et xive s., dont le chœur est très intéressant à étudier pour l'histoire de l'art. Le réfectoire renferme la bibliothèque (30,000 volumes), et l'église les grandes machines. On remarque en outre : une collection complète d'instruments de physique, de géométrie, d'astronomie, les ustensiles de divers métiers, des automates, des minéraux, des imitations de fruits, etc. — L'*Observatoire*, où passe le méridien de Paris, fut construit de 1667 à 1672, sur les dessins de Perrault ; il s'y trouve un ensemble complet des meilleurs instruments d'astronomie. — Les *Archives nationales* occupent ce qui fut successivement l'hôtel de Clisson, de Guise et de Soubise; l'entrée principale date du xve s.; le reste, de la fin du xviie s., renferme des peintures de Restout, C. Vanloo, Natoire et Boucher. Aux Archives est joint un *musée paléographique*.

BIBLIOTHÈQUES. — La *Bibliothèque nationale* est installée dans l'ancien palais de Mazarin, construit sur les dessins de Lemuet et de Mansart, et considérablement agrandi de nos jours. Elle se divise en quatre départements 1° les *imprimés*, comprenant plus de 2,500,000 vol., les cartes et les collections géographiques; 2° les *manuscrits*, depuis les papyrus égyptiens jusqu'aux lettres de Napoléon III ; 3° les *médailles*, les *pierres gravées* et les *antiques*, possédant environ 200,000 médailles, dont 6,000 admirables médailles grecques provenant du duc de Luynes, et 2,429 médailles grecques et orientales données par Saïd-Pacha; 4° les *estampes*, depuis le xve s. Diverses antiquités grecques, romaines ou carthaginoises sont en outre déposées dans la Bibliothèque nationale. La salle de travail, construite par La-

Dôme des Invalides.

brouste (1866-1868), est couverte de neuf coupoles en faïence dure supportées par 16 colonnes en fer. — La *bibliothèque Sainte-Geneviève*, beau monument dû à Labrouste, compte 175,000 volumes, une grande collection de journaux, 3,500 manuscrits avec miniatures, et un cabinet d'estampes. — La *bibliothèque Mazarine*, au palais de l'Institut, compte 125,000 vol. et 6,000 manuscrits. —La *bibliothèque de l'Arsenal* possède 8,000 manuscrits et 20,000 volumes, relatifs la plupart à notre ancienne littérature ; — la *bibliothèque de l'Université*, à la Sorbonne, 125,000 vol. ; — la *bibliothèque de l'Institut*, 90,000 volumes ; — la *bibliothèque de la Ville de Paris*, à l'hôtel Carnavalet, 50,000 volumes et 30,000 estampes ; — la *bibliothèque de l'Opéra*, plus de 6,000 volumes, 60,000 estampes, des autographes, etc.; — la *bibliothèque du Sénat*, 20,000 volumes ; — la *bibliothèque de la Chambre des députés*, 50,000 volumes ; — la *bibliothèque de la Cour de cassation*, 40,000 volumes, etc.

ÉTABLISSEMENTS D'INSTRUCTION PUBLIQUE.— L'*Université de Paris* (Facultés des lettres, des sciences et de théologie) a son siège à la *Sorbonne*, fondée sous saint Louis, reconstruite par Richelieu, dont le magnifique tombeau, chef-d'œuvre de Girardon, se trouve dans l'église ; celle-ci, due à l'architecte Lemercier, est surmontée d'une belle coupole, dont les pendentifs ont été peints par Ph. de Champaigne. — La *Faculté de droit* (place du Panthéon) occupe des bâtiments construits par Soufflot ; la bibliothèque, ajoutée de 1875 à 1878, renferme 18,000 volumes et peut en contenir 50,000. — La *Faculté de médecine* a été agrandie et en partie reconstruite de 1878 à 1882; dans la cour d'honneur (1769-1776), ornée d'une colonnade ionique, est la statue en bronze de Bichat. Le grand amphithéâtre peut contenir 1,400 auditeurs. A l'École sont joints 'école pratique en reconstruction), le *musée Orfila* (anatomie comparée), le *musée Dupuytren* (collection pathologique), occupant l'ancien réfectoire gothique d'un couvent de Cordeliers, et une *bibliothèque* de 60,000 volumes. — L'*École de pharmacie*, terminée en 1882, s'élève sur les anciennes dépendances du jardin du Luxembourg.

Le *Collège de France*, où se font des cours publics de sciences et surtout d'histoire, de langues, de littérature (37 chaires), fondé par François Ier, a été reconstruit de 1610 à 1774 et agrandi de nos jours. — L'*École pratique des Hautes Études* est installée à la Sorbonne. —L'*École Normale supérieure*, fondée en l'an III, est destinée à fournir des professeurs aux lycées et aux Facultés de l'État.— L'*École des Chartes*, établie en 1821 pour former des archivistes-paléographes, est annexée aux Archives nationales. — L'*École Polytechnique* (sciences) a été agrandie de 1874 à 1878. — L'*École des Ponts et Chaussées* a été fondée en 1747 ; — L'*École centrale des Arts et Manufactures*, fondée en 1829, occupe l'ancien hôtel de Juigné. — L'*École des Mines*, fondée en 1793, occupe d'immenses bâtiments construits de 1862 à 1867, et renferme un riche *musée géologique et minéralogique*. — L'*École des Beaux-Arts* occupe un véritable palais, chef-d'œuvre de l'architecte Duban, commencé sous la Restauration, terminé en 1838, et augmenté sous Napoléon III. Dans la première cour sont des fragments d'anciens monuments français détruits, tels que l'hôtel de la Trémouille, à Paris, les châteaux d'Anet et de Gaillon. A cette école est joint un *musée d'art* très important, comprenant des œuvres d'architecture et de sculptures grecques, romaines, italiennes et françaises de toutes les époques, soit en originaux soit en fragments, des copies de tableaux et notamment celle du fameux Jugement dernier de Michel-Ange, exécutée par Sigalon, et celles des Loges de Raphaël. La salle de l'Hémicycle offre une grande peinture allégorique, de Paul Delaroche. La bibliothèque possède 12,000 volumes et des moulages de médailles antiques et de la Renaissance. —L'*École nationale des Arts décoratifs*, créée en 1766, occupe un curieux édifice du temps d'Henri IV. — Le *Conservatoire de Musique et de Déclamation*, fondé en 1784, a été doté depuis d'une bibliothèque musicale et d'un *musée d'instruments de musique*.

Paris possède cinq *lycées* : *Fontanes* (rue Caumartin), dans un ancien couvent de Capucins construit en 1781 par Brongniart, agrandi depuis ; — *Charlemagne* (rue Saint-Antoine, 120), ancienne maison professe des Jésuites ; — *Louis-le-Grand* (rue Saint-Jacques, 125), fondé en 1560, reconstruit en 1618 par les Jésuites ; — *Saint-Louis* (boulevard Saint-Michel), ancien collège d'Harcourt, reconstruit sous Louis XVIII et Napoléon III ; — *Henri IV* (rue Clovis et place du Panthéon), sur l'emplacement de l'abbaye Sainte-Geneviève, dont il reste le clocher (xii° et xv° s.), dit *tour de Clovis*, le réfectoire du xiii° s., l'escalier monumental et sa coupole peinte par Restout ; — auxquels on peut ajouter le beau *lycée de Vanves*, situé hors les murs, entre Vanves et Issy.

La liste de toutes les écoles nationales, municipales, libres, spéciales, serait trop longue, mais nous devons signaler : — le *collège Rollin* (avenue Trudaine, 19); — le *collège municipal Chaptal* (boulevard des Batignolles, 45) ; — les deux *Écoles municipales de dessin et de sculpture* (rue Bréguet, 15, et des Petits-Hôtels) ; — les *Écoles municipales Colbert* (rue de Château-Landon), *Lavoisier* (rue Denfert-Rochereau), *Say* (rue d'Auteuil), *Sully* (rue d'Aboukir, 56), *Turgot* (rue Turbigo), consacrées plus spécialement aux professions commerciales et industrielles, et installées dans d'immenses bâtiments neufs ; — les *collèges Sainte-Barbe, Stanislas*, et l'*École Monge*, qui appartiennent à des sociétés particulières. — Le *grand séminaire* (place Saint-Sulpice) n'offre rien de remarquable. — Le *petit séminaire*, construit vers 1860, possède une chapelle bâtie par Viollet-le-Duc. — La *Faculté de théologie protestante* et le *séminaire protestant* sont installés boulevard Arago, 85.

ÉTABLISSEMENTS HOSPITALIERS. — L'hô-tel-Dieu, fondé par la reine Ultrogothe, femme de Childebert, ou selon d'autres par saint Landry vers 650, plusieurs fois reconstruit, l'a été une dernière fois de 1868 à 1878. Occupant une superficie de 22,000 mèt. carrés, il n'offre rien de remarquable comme architecture et ne contient que 450 lits, mais il est ingénieusement distribué ; de vastes locaux y sont consacrés à l'enseignement. — *L'hôpital Beaujon*, fondé en 1780, contient 400 lits ; — *Cochin*, 200 lits ; — *la Charité*, 504 lits ; — *la Pitié*, 710 lits ; — *Lariboisière*, 450 ; — *Necker* (fondé par le célèbre ministre de ce nom), 420 ; — *Saint-Antoine* (dans une ancienne abbaye de femmes) 595 ; etc. — Parmi les hôpitaux spéciaux, c'est-à-dire consacrés au soulagement de certaines maladies déterminées, aucun n'est particulièrement remarquable au point de vue de l'art.— Parmi les *hospices* ou maisons de retraite, la *Salpêtrière* (pour les femmes âgées et les aliénées), qui contient 4,410 lits, mérite une mention pour son immense étendue et son architecture simple et majestueuse. Elle fut construite sous Louis XIII et Louis XIV. La chapelle, due à Bruant (1670) et couronné d'un dôme imposant, peut contenir 4,000 personnes.

ÉTABLISSEMENTS MILITAIRES. — *L'hôtel des Invalides*, fondé par Louis XIV, a été construit de 1671 à 1675 par Bruant, à l'extrémité de l'*esplanade des Invalides*, longue de 500 mèt. sur 250. La façade, longue de 210 mèt., est précédée d'un jardin en avant duquel est la « batterie triomphale » dont les canons annoncent les fêtes et les réjouissances publiques. Cette façade est ornée de statues et d'un grand bas-relief de Coustou jeune. La cour d'honneur est entourée d'un portique où ont été peintes les principales scènes de l'histoire de France. La chapelle, ou église Saint-Louis, chef-d'œuvre de Hardouin Mansart, est couronnée par un des plus beaux dômes qui existent, terminé lui-même par un lanternon et une flèche s'élevant à 105 mèt. du sol (c'est le monument le plus haut de Paris). A l'intérieur sont des statues remarquables, des peintures de Ch. Delabrosse, de Louis Boullongue, de Coypel, les tombeaux de plusieurs grands capitaines français (Turenne, Vauban), des étendards pris sur les armées ennemies, et, dans une espèce de crypte entourée d'une galerie monumentale et ornée de douze statues colossales dues à Pradier, le *tombeau de Napoléon*, sarcophage en granit rouge de Finlande, taillé et poli à l'aide d'une puissante machine à vapeur.—Le principal hôpital militaire est établi dans le *Val-de-Grâce*, jadis monastère de Bénédictines, construit par Anne d'Autriche. Il contient 960 lits. Les appartements d'Anne d'Autriche sont en partie tels qu'ils étaient du temps de cette reine. L'église, bâtie par Fr. Mansart, Lemercier et Lemuet, de 1645 à 1665, est couronnée d'une coupole magnifique dont la calotte intérieure présente une peinture très remarquable de Pierre Mignard. On admire en outre à l'intérieur de l'église des peintures de Philippe et J.-B. de Champaigne et des sculptures de Michel Anguier. Dans la cour est la statue de Larrey, par David d'Angers.

L'*École militaire*, aujourd'hui simple caserne, est située à l'extrémité du *Champ de Mars*, vaste champ de manœuvres long de 1.000 mèt., large de 500, où se sont tenues les Expositions de 1867 et de 1878. La façade, construite par Gabriel, est décorée d'un avant-corps de colonnes corinthiennes et surmontées d'un dôme carré. — Les autres *casernes* monumentales sont celles *du Prince-Eugène* (place de la République), et les deux *casernes de la Cité*, construites en 1866.

HALLES ET MARCHÉS. — Les *Halles centrales*, une des constructions en fer les plus vastes et les plus remarquables qui existent, occupent l'emplacement agrandi du cimetière et du marché des Innocents. Elles ont été commencées en 1851, sous la direction de l'architecte Baltard ; sur douze pavillons qui doivent la composer, dix sont déjà construits ; ils forment une longueur totale de 166 mèt. (la longueur définitive dépassera 220 mèt.) sur une largeur de 124. Sous chacun

des pavillons est un sous-sol parfaitement aménagé. — Près des Halles centrale est la *Halle au blé*, composée d'une rotonde en pierre construite de 1763 à 1767, et d'une charpente en fer, la première de ce genre qui ait été faite (1811) ; à côté de la halle est une belle colonne cannelée, haute de 30 mètres, qui servait à Catherine de Médicis d'observatoire astrologique. — Les autres marchés les plus remarquables sont : le *marché du Temple*, en fonte (1863-1865) ; le *marché aux bestiaux* de la Villette (1863-1867), où a été transportée l'ancienne fontaine du Château-d'Eau, et auquel sont joints les *abattoirs*; la *halle aux vins*, du quai Saint-Bernard, devenue insuffisante, celle du quai de Bercy, en construction, etc.

GARES. — Outre les stations du chemin de fer de Ceinture, Paris possède 7 gares principales, tête de ligne ou de réseau (*V.* ci-dessus, chap. XII). Les plus remarquables sont : la *gare de l'Est*, dite *de Strasbourg* ; la *gare du Nord*, dont l'imposante façade, construite par Hittorf, est décorée de colonnes, de frontons et de statues, et la *gare d'Orléans*, située sur le quai d'Austerlitz.

CIMETIÈRES. — On en compte trois principaux : *Montmartre*, *Montparnasse* et le *Père-Lachaise;* ce dernier, le plus important, renferme le tombeau d'Abélard et d'Héloïse, composé de fragments empruntés à divers monuments du moyen âge, et ceux de Molière, La Fontaine, Racine, Monge, Chénier, Méhul, Masséna, Davoust, Ney, Suchet (avec bas-relief, par David d'Angers), Foy (avec statue, par David d'Angers), Beaumarchais, Laplace, Gay-Lussac, général Gobert (également par David d'Angers), Honoré de Balzac, Alfred de Musset, Thiers, etc., etc.

CATACOMBES. — Ce sont d'anciennes carrières, s'étendant sous les hauteurs de la rive g. de la Seine et où ont été transportés pendant la Révolution les ossements provenant des anciens cimetières supprimés (près de 6 millions de morts). On a formé dans les galeries une collection géologique qui offre des échantillons de tous les terrains du Bassin de Paris.

Vincennes.

Passy, com. réunie à Paris.

Pierrefitte, 1,151 h., c. de Saint-Denis.

Plaisance, com. réunie à Paris.

Plessis-Piquet, 526 h., c. de Sceaux. ⟫⟶ Clocher du xiᵉ s.

Port-de-Créteil, com. de Créteil.

Pré-Saint-Gervais (Le), 4.147 h., c. de Pantin.

Puteaux, 12,181 h., c. de Courbevoie.

Romainville, 2,023 h., c. de Pantin.

Rosny, 1,924 h., c. de Vincennes.

Rungis, 252 h., c. de Villejuif. ⟫⟶ Belle source, dont les eaux sont amenées à Paris par l'aqueduc d'Arcueil.

Sceaux, 2.460 h.. ch.-l. d'arrond., sur une colline d'où la vue est magnifique. ⟫⟶ Beau parc de l'ancien château.

Stains, 1,577 h., c. de Saint-Denis.

Suresnes, 6,149 h., c. de Courbevoie. ⟫⟶ Fort du Mont-Valérien.

Thiais, 1,760 h., c. de Villejuif.

Vanves, 8.812 h., c. de Sceaux.

⟫⟶ Église du xvᵉ s. — Beau lycée.

Vaugirard, com. réunie à Paris.

Villejuif, 2,117 h., ch.-l. de c. de l'arr. de Sceaux, sur un plateau dont la vue est magnifique.

Villemomble, 1,532 h., c. de Vincennes.

Villetaneuse, 430 h., c. de Saint-Denis.

Villette (La), commune réunie à Paris.

Vincennes, 18,245 h., ch.-l. de c. de l'arrond. de Sceaux. ⟫⟶ Magnifique bois de Vincennes (*V.* ci-dessus, p. 100). ⟫⟶ Ancien château bâti par Philippe de Valois, Jean le Bon et Charles V ; belle tour d'entrée, jadis ornée de statues ; imposant donjon, haut de 50 mèt.; chapelle somptueuse des xivᵉ et xvᵉ s., avec façade richement ornementée ; bâtiments du xviiᵉ s. — Nouveau fort attenant à l'ancien château. — *Hôpital militaire.*

Vitry, 4,155 h., c. de Villejuif. ⟫⟶ Belle église des xiiᵉ et xiiiᵉ s.

5008. — Imprimerie A. Lahure, rue de Fleurus, 9, à Paris.

SEINE

Siège de Paris (1871)

MGNES CONVENTIONNELS.

SOUS-PRÉFECTURE
CHEF-LIEU DE CANTON
Communes.
Route Nationale
Route Départementale
Chemin Vicinal
Chapelle de Fer
Canal
Limite de Département
id. d'Arrondissement
id. de Canton

Echelle

Librairie Hachette et Cⁱᵉ à Paris.

Toutes les Géographies de la collection
sont en vente

IMPRIMERIE A. LAHURE, RUE DE FLEURUS, 9, A PARIS

www.ingramcontent.com/pod-product-compliance
Lightning Source LLC
Chambersburg PA
CBHW052358090426
42739CB00011B/2417